U0577061

和谐校园文化建设读本

老师如何与中小学生对话

辛 颖/编著

吉林教育出版社

图书在版编目(CIP)数据

老师如何与中小学生对话 / 辛颖编著. 一 长春：
吉林教育出版社，2012.6（2022.10重印）
（和谐校园文化建设读本）
ISBN 978 - 7 - 5383 - 9008 - 7

Ⅰ．①老… Ⅱ．①辛… Ⅲ．①中小学一师生关系
Ⅳ．①G635.6

中国版本图书馆 CIP 数据核字(2012)第 116182 号

老师如何与中小学生对话
LAOSHI RUHE YU ZHONG-XIAOXUESHENG DUIHUA　　　　　　　辛　颖　编著

策划编辑	刘　军　　潘宏竹			
责任编辑	张　瑜		**装帧设计**	王洪义

出版　吉林教育出版社(长春市同志街 1991 号　邮编 130021)

发行　吉林教育出版社

印刷　北京一鑫印务有限责任公司

开本　710 毫米×1000 毫米　1/16　　**印张**　11　　**字数**　140 千字

版次　2012 年 6 月第 1 版　　**印次**　2022 年 10 月第 3 次印刷

书号　ISBN 978 - 7 - 5383 - 9008 - 7

定价　39.80 元

吉教图书　　　版权所有　　　盗版必究

编　委　会

主　　编：王世斌

执行主编：王保华

编委会成员：尹英俊　尹曾花　付晓霞

　　　　　　刘　军　刘桂琴　刘　静

　　　　　　张　瑜　庞　博　姜　磊

　　　　　　潘宏竹

　　　　　　（按姓氏笔画排序）

总 序

千秋基业，教育为本；源浚流畅，本固枝荣。

什么是校园文化？所谓"文化"是人类所创造的精神财富的总和，如文学、艺术、教育、科学等。而"校园文化"是人类所创造的一切精神财富在校园中的集中体现。"和谐校园文化建设"，贵在和谐，重在建设。

建设和谐的校园文化，就是要改变僵化死板的教学模式，要引导学生走出教室，走进自然，了解社会，感悟人生，逐步读懂人生、自然、社会这三本大书。

深化教育改革，加快教育发展，构建和谐校园文化，"路漫漫其修远兮"，奋斗正未有穷期。和谐校园文化建设的研究课题重大，意义重要，内涵丰富，是教育工作的一个永恒主题。和谐校园文化建设的实施方向正确，重点突出，是教育思想的根本转变和教育运行机制的全面更新。

我们出版的这套《和谐校园文化建设读本》，既有理论上的阐释，又有实践中的总结；既有学科领域的有益探索，又有教学管理方面的经验提炼；既有声情并茂的童年感悟；又有惟妙惟肖的机智幽默；既有古代哲人的至理名言，又有现代大师的谆谆教诲；既有自然科学各个领域的有趣知识；又有社会科学各个方面的启迪与感悟。笔触所及，涵盖了家庭教育、学校教育和社会教育的各个侧面以及教育教学工作的各个环节，全书立意深邃，观念新异，内容翔实，切合实际。

我们深信：广大中小学师生经过不平凡的奋斗历程，必将沐浴着时代的春风，吸吮着改革的甘露，认真地总结过去，正确地审视现在，科学地规划未来，以崭新的姿态向和谐校园文化建设的更高目标迈进。

让和谐校园文化之花灿然怒放！

本书编委会

目录

上篇　语言艺术助对话

中篇　对话需注意的问题

下篇　对话多样化的手段

上 篇

语言艺术助对话

第一章 无声胜有声

"当生活像一首歌那样轻快流畅时，笑颜常开乃易事；而在一切事情都不妙时仍能微笑的人，才活得有价值。"可见，一个微笑就可能比一千句一万句话更为重要！有些老师，他们受学生们欢迎，也受学生们尊敬，他们平易近人，他们不严而威。其实，这便是教师人格魅力的作用，也是由此而表现出的教师体态语言的魅力。"无声胜有声"，便是这个道理。

第一节　神奇的表情语

表情语，是通过面部表情来表达情感、传递信息的一种体态语言。表情能表达丰富而复杂微妙的情感，具有超凡的魅力。有人曾问古希腊大演讲家德摩斯梯尼："演讲家最重要的才能是什么？"他回答："表情。"又问："其次呢？""表情。""再其次呢？""表情。"

法国作家罗曼·罗兰曾经说过："面部表情是多少世纪培养成功的语言，比嘴里讲的更复杂到千百倍的语言。"马卡连柯也说过："做教师的一定不能没有表情，不善于表情的人不能做老师。"确实，脸部表情是最生动的，也是变化最大的，喜怒哀乐都可能出现。教师要善于用表情说话。

我们这里所讲的表情是指包括头部在内的人的脸色变化、肌肉收展和眉、眼、鼻、嘴的动作所组成的面部表情。有人将人的面部分成三个能够独立的动作区：眉头和前额区；眼睛、眼睑、鼻梁区；面颊、嘴、鼻子的大部分及下巴的下部区。面部眉、眼、鼻、嘴之间的三角区，是表情语言最集中、最丰富的部分。

在教育教学的过程中，教师的面部表情是向学生传递思想感情、施加心理影响的重要手段之一。教师必须善于通过丰富生动的表情来传达自己的喜怒哀乐、褒贬爱憎。随着教学进程、讲授内容和客观情境的变化，自然地显露各种不同的表情。高兴时，则眉飞色舞，笑逐颜开；伤心处，则蹙额锁眉，愁思满面。借助不同的表情，渲染言语气氛，强化师生之间的情感交流。一些教师表情呆板、缺乏变化，无论何时何地、何种情境，也无论是喜是悲、是忧是乐，总是绷着一副冷冷的面孔，这不仅有碍于情感的表现，还让学生望而生畏，不敢亲近，对教学显然是不利的。

所以，教师一定要让表情丰富起来。

1. 头部表情

头部的动作亦称首语，它是头部活动所传递的信息。头部动作在表情达意方面的表现力是比较强的，人们所常见的头部动作有点头、摇头、昂头、低头等。

点头：点头在不同情况下表示不同的意思。点头称是、点头会意、点头咂嘴表示同意、肯定、满意和赞赏。点头微笑、点头哈腰则表示致意、感谢、恭顺和客气等。

有一位教师就非常善于运用头部表情。在讲授《旅鼠之谜》一课时，学生们被课文吸引，一个个都在渴望讨论和发言。这时，有一个学生站起来说："老师，其实旅鼠的精神有值得我们人类学习的地方，比如为了种族的生存竟可以牺牲自己。"老师目光温柔，朝这位同学微微点头，学生马上领会老师的赞许，高兴地坐了下去。

摇头：一般表示否定、反对、阻止或不以为然；摇首吐舌、摇首咂舌则表示惊讶、怀疑、不理解；摇首顿足则表示不满和无可奈何等。

昂头：昂首挺胸，表示充满信心、踌躇满志；昂首阔步，显得精神振奋，意气昂扬；而昂首望天，则表示目中无人。

低头：俯首沉思、俯首听令、俯首低眉、低头不语，表示思考、顺从或屈从；俯首帖耳，则表示恭顺；垂头丧气，则表示沮丧或丧失信心。

此外，还有诸如搔首弄姿、油头滑脑、缩头缩脑等，这些成语也在不同方面反映了头部活动所传递的信息。

在人际交往中，头部或正或倾或侧，也反映人的不同心态。身体直立，头部端正，表现的是一种自信而庄重的风度；头部前倾表示倾听、同情和关心；头部侧斜，表示对对方谈话感兴趣。头发对头部有保护和修饰作用，也能表情达意。人在发怒时会"怒发冲冠"，在极度害怕的情况下，会毛发皆竖。

2. 面部表情

面孔是人心灵的镜子，面部表情是一个人内心情绪的外在表现，常常体现一个人的个性。人们常说的"察言观色""心如其面"，就是告诉人们看人要先看脸，见脸如见心。因为在体态语言中，面部表情的"词汇"最丰富，也最有表现力。它能最迅速、最敏感、最充分地表现出人类的各种情感，如喜、怒、忧、思、悲、恐、惊。人们可以从面部的微妙变化中，看到一个人错综复杂的情感变化。

如满面红光、满面春风是兴高采烈、踌躇满志的表露；面红耳赤是急躁或羞涩的反映；脸色铁青说明生气和发怒；面面相觑是惊恐和束手无策的表现；面如土色、面无人色则反映极端惊恐的程度；面不改色是沉着镇定的神态；脸色苍白也许是紧张或是身体不适；面如菜色表明营养不良等。一般认为，面部表情对人的语言起着解释、澄清、纠正和强化作用，在反映人内心的真实性上具有相当的可靠性。

面部肌肉的收展也是情感的自然流露。一般是喜则眉飞色舞，怒则咬牙切齿，哀则愁眉苦脸，乐则笑容满面。

在人的五官中，嘴的表现力仅次于眼睛。嘴的开合，嘴角的向上或向下，都传递着一定的信息，而且嘴的动作还是构成面部笑容的主要因素。如嘴巴微微张开，上牙微露形成轻笑；双唇紧闭表示认真思考；张嘴露齿，表示高兴；咬牙切齿，表示愤怒；撇嘴，表示蔑视；咬唇，表示自省；嘴角向上表示愉快；嘴角向下表示敌意；噘嘴表示生气；努嘴表示怂恿嘲讽；咂嘴表示赞叹或惋惜。鼻子的表现力也相当丰富。耸鼻表示厌恶；嗤之以鼻表示看不起；皱鼻表示好奇或吃惊；摸鼻表示亲切或重视。

表情语是人们心理活动的寒暑表和情绪变化的透视镜。

人的面貌虽然是先天的，但人的面部表情同其他体态语一样，是可以熏陶和改变的。因为表情体现人格、气质和文化修养。

可见，教师在与学生的对话和交流中，正确运用表情语是必要的。神奇的表情语必定会带来不同的效果，不信，你可以试一试！

第二节　微笑的魅力

恐怕谁都不会否认，对于人际交往来说，微笑是最强劲的利器。有了微笑，就可以打造出一个亲切平和的形象；有了微笑，就可以更多地获得别人的支持与合作；有了微笑，人与人之间的冷漠与隔阂就会消融和化解；有了微笑，我们就可以获得更多的机会和成就……

人们说，教师的微笑，是阳光，它可以排除学生脸上的冬色；教师的微笑，是春风，它可以吹开学生心灵的蓓蕾。教师的微笑，能沟通师生的心灵，能唤起学生对美的寻觅。

微笑又是一座沟通师生双方情感的桥梁。如在课堂上，教师和蔼可亲、精神饱满、兴致勃勃，脸部表情才会轻松柔和、微笑大方、眉目传神。学生受其影响，心情就会轻松自如，课堂气氛就会活跃，就会有利于增强教学效果。有的教师脸部表情显得"硬"一点，若在课堂上再板起一副面孔，拉长脸皮，结果就只能使学生更加望而生畏，产生一种畏惧心理。这是因为，如果教师阴沉着脸讲课，学生的心情也会变得压抑，注意力难以集中，教学质量也会受到一定影响。当然，教师的表情还应多"变"，使自己的表情与讲授的内容、教学情境协调一致。无论如何，教师上课时的面部表情应以微笑为主。

微笑如此好，但也不容易掌握。这里有一个嘴巴的开合度的问题。嘴巴不张开的笑，给人一种皮笑肉不笑或冷笑的感觉。嘴巴咧得太大，又给人一种傻笑的感觉。

微笑是教师在教育教学中的重要体态语。如果您希望做一个受学生欢迎的教师，第一要旨就是学会微笑。生活中，当您正忧心忡忡，当您正满腹怒气，迎面来了同事朋友或者铃声正催您走进课堂，您会用怎样的表情面对学生？作为教师，我们一般会在其他成年人面前注重自己的表情，会懂得在适当的时候掩饰自己的情绪。可是，面对学生，很多教师就不在意了，喜怒哀乐都放在脸上，这恰恰是教师的一大禁忌。

有篇文章谈到作者曾经遇到过的女数学教师，平时待人接物与常人无异，可是一到教室门口就板起脸来，并且马上进入紧张状态。仿佛学生一有风吹草动，她就会脾气大爆发。只要她出现在教室门口，学生立刻鸦雀无声，紧张得心"咚咚"直跳。她上课，学生一点动静都不敢出。

于是那位作者每逢上数学课就紧张不已，不敢正视老师的脸，听课时精力老是不能集中在老师的讲解上，结果数学成绩总是拖后腿。直到上高中后，换了一个和蔼可亲的数学老师，才慢慢走出了一学数学就紧张而且成绩"滞后"的怪圈。

这个案例很有典型性，发人深省，从中可以看出教师微笑的重要性。

在师生交往中，教师保持微笑，具有举足轻重的作用。

1. 表明教师心境良好

面露平和欢愉的微笑，说明心情愉快，充实满足，乐观向上，善待人生，这样的教师才会产生吸引学生的魅力。

2. 表明教师充满自信

面带微笑，表明对自己的能力有充分的信心，以不卑不亢的态度与学生交往，使学生产生信任感，容易被学生真正接受。

3. 表明教师真诚友善

微笑反映自己心底坦荡，善良友好，待人真心实意，而非虚情假意，使学生与教师交往自然放松，不知不觉地缩短了心理距离。

4. 表明教师乐业敬业

工作岗位上保持微笑，说明热爱本职工作，乐于恪尽职守。如在课堂上，微笑更是可以创造一种和谐融洽的气氛，让学生倍感愉快和温暖。

真正的微笑应发自内心，渗透着自己的情感，表里如一，毫无包装的微笑才有感染力，才能被视作沟通的"增效剂"。

下面的方法可以帮助教师学会微笑。

1. 如何微笑

先要放松自己的面部肌肉，然后使自己的嘴角微微向上翘起，让嘴唇略呈弧形；然后，在不牵动鼻子、不发出笑声、不露出牙齿的前提下，轻轻一笑。

微笑除了要注意口型之外，还需要注意与面部其他各部位的相互配合，尤其是眼神中的笑意，整体协调才会形成甜美的微笑。

2. 微笑练习

（1）对镜练习。使眉、眼、面部肌肉、口型在笑时和谐统一。

（2）诱导练习。调动感情，发挥想象力，或回忆美好的过去、愉快的经历，或展望美好的未来，使微笑源自内心，有感而发。

教师的微笑可以表现出温馨、亲切的表情，能有效地缩短师生的距离，给学生留下美好的心理感受，从而形成融洽的交往氛围。微笑可以反映教师崇高的修养，待人的至诚。微笑有一种魅力，它可以使强硬者变得温柔，使困难变容易。

当然，如果讲课、讲演的内容是严肃、愤怒或者悲凉的，那就不能面带笑容，而应有其他相应的表情了。如某教师有段演讲词："可是，我的父亲在 20 年前，因患肺癌就撒下我们离开了人世。在我的记忆中，印象最深的莫过于父亲的追悼会。父亲原本也是个教师，在追悼会上，除了几大叠文稿在他的遗体旁，便是母亲盯着和自己感情融洽的父亲的遗容，那悲痛欲绝的情景……"这位教师在演讲时的表情是痛苦的、悲哀的。

这就要求教师掌握微笑的场合和尺度，真正做到"兵来将挡，水来土掩"。老师们，微笑起来吧！

第三节　眼神中的万语千言

眼神，是面部表情的一个重要组成部分，是最有表现力的。古人有"眉目传情""暗送秋波"等反映目光语功能的说法。人们高兴时往往"眉开眼笑"，发怒时会"横眉立目"，说明了眼神含义的微妙和丰富。意大利画家达·芬奇认为："眼睛是心灵的窗户。"人的眼神变化，可以反映一个人的内心世界。一个人内心世界的信息传递出去，外界信息传入大脑枕叶，80%—90%要靠眼睛。于是，眼神便成为一种无形的传递语言，它往往真实地表达一个人的内心世界。有时不用开口说话，通过眼睛便可以倒出心里所思。有一个学生犯了错误，想用自己编织的谎言欺骗老师，因为他害怕责骂，可是，当他抬头看见老师那慈爱柔和的目光时，看出了老师的态度，便托出了一颗诚实的心。

好的老师，往往善于用眼神的交流来维持课堂秩序，组织课堂教学。如一位深谙学生心理的老师，接任了全校有名的"淘气班"班主任。上课铃响了，他满怀热情地走向教室，但映入他眼帘的却是一片乱糟糟的嬉笑打闹的情景。于是，他"三视"学生，即在教室门口用慈爱中透着严肃的目光环视教室；走上讲台，再次环视教室；对少许讲话者稍加注视。他没有说一句话，却使得课堂趋于安静，达到了用口语也难以达到的目的，可谓"此时无声胜有声"。

有一位教师在讲授《中国石拱桥》一课时，在学习了课文以及说明文的相关内容后，问同学们"这一课蕴含了作者怎样的思想感情"。有一位学生站起来回答："自信。"显然，这个回答不标准。这时另一位学生回答了"自豪感"，老师对这个回答给予了肯定，并看了刚才说"自信"的学生一眼。

这一眼的效果怎样呢？请看这位学生课后写的日记：

……这时，我忽然意识到刚才说错了。我的脸发烧了，真不知道怎么办才好，我一个劲儿怪自己，心里很懊悔。可是老师用亲切的目光望着我，说："啊，可不是自信，而是自豪感哩。"没有批评、责怪，却是诚恳的订正、耐心的指点，我很激动，也挺不好意思地笑了。啊，他教课多好啊，能让人不知不觉地认识到自己的错误，却不感到知错后的紧张。

再看看另一位学生，是怎样在感受教师目光中进步的：

期中考试成绩公布了，我的总分在全班 42 名同学中倒数第一。老师刚念完成绩，我止不住的眼泪呀，泉水般地直往外涌，接着就呜呜咽咽地哭起来。老师把我叫到她宿舍里为我洗了脸，勉励的话说了一箩筐。临送我回家时，还深情地望着我说："××同学，我相信你是会进步的！"她那信任、慈祥的目光给我增添了向上的勇气。不久后的一次语文测验，我得了 73 分，虽然在班上才占个中上等，可老师却当众表扬了我，领考卷时，一接触她那充满母爱的柔和目光，顿觉一股暖流流遍周身。我情不自禁地毕恭毕敬地向她深深地鞠了一躬。

教师的目光的确神奇，一个眼神，替代了教师的千言万语，一抹眼色，包容了教师多少教化！

当然，教师眼神的运用也是有方法可循的，更需要注意一些问题。

教师在课堂教学中把目光投向学生的时候，要处理好环视与注视的关系。一方面，要在讲授过程中自然地全方位地扫视整个教室的学生。可以把整个教室的学生按照纵向三部分、横向三部分划成九个区，教师的目光按照这九个区轮流扫视，切不可只看着前几排学生或自己喜爱的学生。如果教师不注意对整个教室的环视，只注视一部分而忽视另一部分学生，就会使被注视的学生感到不安，使被忽视的学生产生被冷落的感觉，这样就会产生不良的效果。另一方面，在环视过程中，也应当着重注视一些需要注视的学生，如做小动作的学生、窃窃私语的学生，等等。应当根据学生听课的情况和教学的需要，做到环视和注视相结合。

教师在运用目光语的同时，还应当注意观察和接收学生的目光表现，由此了解学生对教师讲课的心理反应，达到利用目光进行双向交流的目的，并根据学生的反应来调整讲课的节奏和方法。如，透过学生紧锁的双眉，可以看出学生对教师讲授的内容还未完全理解和接受，这时，教师就应讲慢一点儿或重复一遍；若学生面容舒展，并对教师投以期待的目光，这时，教师就可以保持或加快讲课的节奏，或增大知识传授量；若学生的眼睛朝着教师，表明学生在认真地听；若学生的眼睛朝着别的地方看，则表明学生有厌烦情绪，教师应当根据学生目光反映的信息，及时调整讲课的方法或者采取相应的措施，争取更好的教学效果。教师应当心存全体学生，学会用眼睛说话，以平等的目光，对待每一个学生，使每一个学生都能从教师的眼睛里体会到教师对自己的信任、尊重、关爱、鼓励，体会到教师的博大和宽容。

一位语文教师在讲授《芦花荡》一文时，根据课文内容的不同层次，表现出不同的眼神，或激愤如仇，或深情似水。把"老头子"痛击日本侵略者的英雄气概，深情地融注到自己的目光中，深深地感染了学生，激起学生思想感情上的共鸣，收到了很好的效果。

教师的目光，应该亲切自然，和善友好，应该看着学生讲课，形成交流感，切不可眼光无神，目中无人，而且还要善于变化。以亲切自然为主，但也不排除严肃甚至冷峻的一瞥；既有不断的全场巡视，又有局部的个别关注。前者使用的是虚眼，似看非看；后者使用的是实眼，看清看透。虚实结合，交替使用，通观全局，洞察入微，传情自然，调控灵活。一个教师，口才再好，没有眼睛的捕捉和配合，势必得不到及时的、有效的表达；没有眼神的传送和帮助，同样得不到完整的、彻底的表达。

第四节　会说话的手

人的手是很能说话的，教师的手势作为讲课的辅助手段，是在讲出某句话，而这句话又需要增强表现力的一瞬间作出来的，是与言语同步进行的。

手语，是运用人体上肢表达思想、传递信息的一种体态语言。这也是表现力很强的一种体态语言。

手的动作较多，它包括手指、手掌、手臂及双手发出的能够承载交际信息的各种动作。

手是人体敏锐、丰富的表情器官之一，它以近200个不同态势的造型艺术描摹事物，传递心声，披露情感。手势表达感情强烈。手势可以表示强调，表示欢乐，表示愤怒，表示激情，人们高兴时常常手舞足蹈，愤怒时握紧双拳或拍案而起，表示敢做敢当则手拍胸膛，表示懊悔常常手拍大腿。

手势这种状物言志、传情达意的特殊本领运用到教学领域，就成为辅助教师的非口语的表现形式，成为雄辩的无声胜有声。

在教育教学中，手势的表达功能从总体上看，可大致分为四类：

1. 象形性手势

陈望道先生说："在视觉所不及的范围中的事物，便要应用描画的态势来表示。"手势是最适宜于描画的。如用手比画某人有多高，某树有多粗，某西瓜有多大，某书有多厚等等。用手势比画几何中的"同位角""内错角""同旁内角"便属此类。这类手势可以把不在视觉范围内的事表现得形象可见。

2. 情意性手势

用以表现特定的情意。读过都德《最后一课》的人，都记得韩麦尔先生最后结课的情景：

然后他呆在那儿，头靠着墙壁，话也不说，只向我们做一个手势："放学了，——你们走吧。"

这一手势既表示了明确的语义，又传达出沉重的感情。

一位学生用锅灰抹在脸上走进教室，引得全班哄堂大笑。老师在帮他洗干净后，摸摸他的头说："你呀，真顽皮。"

这里的"摸头"配合有声语言表现了十分丰富的情意，使这位学生觉得"一股暖流涌上了心头"，以致几十年后还清晰地记得这一情景。

3. 象征性手势

用来表示抽象意念。例如列宁演讲时，常常左手插在背心前部或腰间，右手果断有力地向前推出，显示出必胜的信念。再如：

一位教师在讲授《祖国啊，我亲爱的祖国》这首诗时，为了帮助同学们体会"我是你簇新的理想，刚从神话的蛛网里挣脱"这句话的内涵，他双手打开，做出挣脱的态势。

这一象征性的手势，形象地表现了诗中主旨，有效地强化了学生对课文的理解。

4. 指示性手势

用于指示具体对象，引起听话人的直接感知和注意，如讲课时手指挂图或实物、模型的有关部分进行说明。又如：

老师在结束讲课或复习时，可抬起手臂，叉开五指，一边数着"第一，什么内容，第二，几个要点……"一边伸出手指，这样做，可以使学生在听讲的同时，通过看老师的手语，牢固地记住所学的内容。

运用手语，要注意几点：一要简单，不要动作太复杂，不要手舞足蹈，不停地动，使人生厌；二要与其他体态语及口语配合协调，说话之间"该出手时就出手"，不该出手时不出手，话说完了又做手势；三要时常变换手语动作，即使是十分漂亮的手势，也不宜一再重复或常用不换。

总之，教师运用"会说话"的手，是与学生沟通的不二法宝。

第五节　身姿表情达意

通过人的身体姿态传递信息，在当今社会，不仅是"修身养性"的基本要求，还是用来表示仪表、传递信息的重要体态语言。能够成为体态语的姿态，主要有立姿、坐姿、步姿等。

立姿，就是站立的姿势。不同的立姿，可以表现出不同的精神状态、不同的思想情绪。如，挺身直立表现出一个人端庄稳健、精神饱满；昂首而立表现出一个人自信、傲慢；低头而立表现出一个人在沉思；弯腰而立表现出一个人精神不振、情绪不佳，或表现出居人之下、求人之心；坐立不安表现出一个人心中有事、情绪不稳，等等。

坐姿，就是一个人坐的姿势。不同的坐姿，也可以表现出不同的精神状态和思想情绪。如，男性张开两腿而坐，表现出自信、洒脱、豁达，翘起"二郎腿"则表现出悠闲自乐，或无所谓的神态；女性两膝并拢而坐，表现出庄重、矜持、有教养；"稳坐钓鱼台"表现出一个人胸有成竹或无忧无虑；坐而不安则表现出一个人心神不定、不想久留，等等。

步姿，就是一个人走动的姿势。人们的步姿，有多种多样。如，健步如飞，闲庭信步，稳步前进，大踏步前进，步履艰难，踱来踱去，亦步亦趋，正步，跑步，散步，等等。这些不同的步姿，也可以表现出人们不同的心理特点、不同的精神状态、不同的思想情绪。

教师应当掌握姿态语的基本知识，在教学活动中正确运用姿态语，充分发挥姿态语在教学中的应有作用。

首先，教师应当注意自己的立姿、坐姿、步姿，站有站相，坐有坐相，走有走的样子，用正确的姿势表现出饱满的精神和高昂的情绪；不要站没有站相，坐没有坐相，走路慢腾腾，一副无精打采的样子，带给学生很不好的影响。

有一位英语教师在为同学们上新学期第一节英语课时，情绪饱满地走进教室，抬头挺胸、神清气爽，同学们看到老师的形象展现出来，顿时觉得英语课堂生动了不少。

其次，教师应当注意运用姿态语，发挥姿态语的应有作用。比如，走进教室的时候，根据学生的反应，运用自己的姿态语去影响学生；在讲授过程中，不要呆板地站在讲台上讲或坐着讲、坐着念，可以适当地走动，通过走的动作和姿势，影响学生情绪，配合讲授来活跃课堂气氛；在学生上自习课和做作业的时候，根据学生的表现情况，可以在教室的前后左右走一走，特别应注意到不守课堂纪律的学生身边去走一走，这既是对学生的关心和监督，也是用无声的语言示意他们遵守纪律、好好学习。

有一位教师在教小学生"身"字的时候，就很好地运用了姿态语。

她把身子一侧，左脚向前一踢，对学生说："你们看，这就是'身'的字形，'身'字上面一小撇，好像是一个人头，中间部分是身子，身子里面有心、肺、胃等器官，下面部分好像是两只脚，一只脚站着，一只脚向前踢出去。"学生看看字形，看看她的姿势，都高兴得笑了起来。

再次，教师应当正确地运用姿态语。运用姿态语的总体要求是：准确、适度、自然、得体、和谐、统一。运用姿态语，还要注意同其他体态语及口语的配合、协调、统一，才能丰富自己的各种语言，取得圆满的表达效果。

身姿的得体运用，能够营造轻松活跃的课堂气氛，能够和谐师生关系。一位学生在他的回忆文章中写到自己年过花甲的老师运用身姿讲授朱自清的《背影》给他留下的深刻印象：

当老师讲到"父亲"爬上月台去买橘子一段时，她引导同学仔细理解"攀""缩""倾"等动词的用法，并体味其中所蕴含的父亲对儿子的深厚的爱。说着，只见她慢慢地转过身去，双手攀着活动黑板的上沿，一条腿慢慢地向上缩着，她那胖胖的身子向左微倾，显出努力的样子。起初，有几位同学笑了起来，可是当老师攀上去的一刹那，一切声响都没有了。每一个人都屏住呼吸。顿时，我仿佛看到了文章中那戴着黑布小帽的慈父，在铁栅栏上艰难地攀着；我仿佛觉得眼前的就是那高大的背影……这一瞬间父亲的背影消失了，但老师的背影却永远也无法从我的脑海中消失。此时此刻我已经完全理解了这三个动词的深刻含义——老师已用她的行动证明：这就是爱。

　　从学生的感受中，我们已深深体味到该老师的这一体态动作在教学中的价值。

　　因此，利用身姿表情达意是老师与学生对话和交流的重要手段。

第二章　幽默是法宝

著名音乐理论家钱仁康说："幽默是一切智慧的光芒，照耀在古今哲人的灵性中间。凡有幽默素养者，都是聪敏颖悟的。"可见，幽默是教师与学生对话、沟通的重要手段，是教师的法宝。

第一节　寓庄于谐真幽默

寓庄于谐是用诙谐幽默的语言来说明事物，使人在轻松愉悦中感受其深刻的含义。真正的幽默是在丰富多彩的现实生活中表现出来的，是寓庄于谐的。所谓"庄"，是指幽默的严肃性、深刻性、抽象性、知识性、真理性、科学性；所谓"谐"是指幽默的趣味性、感染性、机智性、含蓄性、艺术性、审美性、启发性。教师的教学幽默作为教师高雅情致的自然流露，得力于教师豁达的胸怀、乐观的态度和宽容的机智以及个性的品质。幽默教学的运用因人而异，内向沉稳型教师在不显山不露水的情况下，以语言的机智性"幽"他一"默"，使学生在片刻沉思之后方觉回味无穷。

一位数学老师在导入"比例尺"一课时，故作神秘地对学生说："我衣服口袋里装着一个人。""啊！怎么装得下呀！"学生们非常惊奇。"把人变小呀！"这位老师变戏法似的从口袋中掏出一张相片。"哦！原来是这样呀！"学生恍然大悟。

教师在课堂教学中表现出来的幽默既有"庄"的特点又有"谐"的特点，二者互相融合，互相制约，缺一不可。"庄""谐"适度，才会使幽默起到更好的作用。

曾经有一位化学老师在讲"化学元素"一节时，没有直截了当地进入正题，而是开始绘声绘色地谈起"万物之灵"——人的化学组成来："人体中的水，足可以装满一只容量为 45 升的水桶；人体中的脂肪，可以制造 7 块肥皂；人体中的碳，可以制造 9000 支铅笔；人体中的磷，可以制造 2200 根火柴；人体中的铁，可以制造 2 根铁钉；人体中的石灰，可以足够粉刷两个鸡棚……"

在这里，这位化学老师说得越精细，讲得越严肃认真，学生越觉得可笑。因为人体本来与肥皂、铅笔、铁钉、石灰等东西并没有什么直接关系，可经老师煞有介事地一联系，而且数目还是那么大，便形成了一种谐趣，使学生领悟了严肃的新知。这位老师就这样把"万物之灵"之体由诸多化学元素组成描绘得栩栩如生，又天衣无缝地用"谐"的方式把人体的化学组成与人们日常生活中常见的物质结合起来，让学生在轻松愉快的氛围中开始了对化学元素的了解。

一位教师在讲授《为了忘却的记念》一课时，其中题目与中心紧密相关。他是这样来给大家解释的。先激疑："忘却"和"记念"是一对矛盾。怎么理解呢？"记念"是为了"忘却"？"忘却"了又怎能"记念"呢？是不好懂。再解疑，俗话说得好："光记吃，不记打。"不是说"记"的是"吃"，"忘"的是"打"吗？同样，在这里"忘却"和"记念"的各自对象不同。另一方面，"忘"和"记"看似矛盾，实际上又有其统一的一面。比如生活中有这样的例子：晚上有宴请，在星级酒店，好事啊。因而有的人就为肚子留着足够的地方，狠狠地"饿"上一顿，以待晚上可以大吃一回。这不妨叫作：为了"吃好"的"挨饿。"同样，文中记住的是"悲愤"，忘却的是"悲哀"，而化"悲痛"是为了激发更大更强的"力量"，以争取革命早日取得成功，来作为对烈士的最好的纪念。

这位老师在为学生们释疑解惑的过程中，就适当地运用了寓庄于谐的方法，既将晦涩的道理讲得明白，又使学生充满兴趣。

如果说教师的教育风格是一座大厦，那么教师的幽默就是这座大厦中一个闪着灯光的窗口；如果说教师的教学风格是一座高山，那么教师的幽默就是这座高山上的一泓清泉。

在教书育人的校园里，有经验的教师，常常会让自己语言的溪流荡出幽默的涟漪，让自己的话语生出幽默的浪花。因为他们知道，幽默是师生关系的"润滑剂"，是激活学生思维的"催化剂"，是完成教育教学任务的"助推剂"；恰当地运用幽默，可以使自己的教育教学工作收到神奇的效果。当然，"庄""谐"结合、寓庄于谐的幽默不仅能使学生产生强烈的学习兴趣，还能够很好地完成教学任务。

第二节 自嘲的力量

作为教师，适当地运用自我解嘲会使课堂氛围活跃，学生们兴趣十足。

古希腊大哲学家苏格拉底，娶了一个心胸狭隘、性格暴躁的悍妇为妻，这个女人成天唠叨不休，动辄破口大骂，常常弄得苏格拉底狼狈不堪。有一次，他的学生问苏格拉底："老师，你是大学问家，怎么找这样的女人当老婆？"苏格拉底说："诸位有所不知，擅长骑术的人，总要选烈马来驾驭。我若能忍受得了我的妻子，恐怕天下就没有与我难于相处的人了。"不想这番话刚好被他的妻子听到，那悍妇便当着学生的面将苏格拉底臭骂了一顿，还随手抄起一盆水，将他浇成了一只"落汤鸡"。当时学生们都愣了，目瞪口呆地看着苏格拉底。这着实让苏格拉底在学生面前非常难堪，可是他抖抖身上的水，很平静地说："电闪雷鸣之后，自然是倾盆大雨呀！"一句话引得大家哈哈大笑，于是一场"风雨"也就悄然而过。

苏格拉底用智慧化解了尴尬，令人叫绝。当然，生活中这样的场景还有很多，不胜枚举。平时我们一不留心就会说错一句话或者做错一件事，从而有可能使自己陷入难堪的窘境。在这种情况下，聪明人总是不会忘记使用语言这种神奇的魔法，通过自我解嘲来对错误或过失进行巧妙的掩饰，从而及时消解因此而产生的消极影响，迅速弱化或转移对自己的不利局面。这种化拙为巧的语言，既为自己铺就了能拾级而下的心理台阶，又展示了自己情急而生的智慧，往往能获得满堂喝彩。因此，有经验的教师平时总是用心琢磨，注意积累，善于体悟，一旦偶然出错，也能自我解嘲，做到力挽狂澜。

有一位年轻的教师，在校长的陪同下第一次到教室上课。当校长把这位教师介绍给学生时，全体同学立即起立鼓掌欢迎。在学生的热烈掌声中，这位新教师在校长的示意下从门口走向讲台，紧张中迈向讲台的一只脚踏空了，顿时全身趔趄，差一点摔倒，引起全班同学的一阵嬉笑，场面十分尴尬。但见这位教师稳住身子后立即微笑着说道："同学们的欢迎仪式太隆重了，弄得我受宠若惊，并为大家的热情而倾倒。"新老师一句简简单单的话就化解了眼前的被动与难堪，在他妙语创造的亲切、和谐的气氛中，第一堂课顺利地开始了，而学生也因此喜欢上了这个机智风趣的新老师。

在教学过程中，教师遇到各种各样的突发状况是非常正常的，如何化解这种状况引发的尴尬就显得尤为重要。自嘲的确不失为一个好的选择。

一位男教师有这样一段自述：

有些事情只是听说过，谁能想到，自己还会遇到。

我对学生发誓，上课一丝不苟、充分准备好后才会给学生上课；我要将教材烂熟于心，才敢给我的学生讲课。可早上起床就晚，第一节课本来时间就紧，于是就小跑赶去上课。但一进教室，走上讲台，学生们就哄堂大笑，有的女生笑得前仰后合；有的笑弯了腰；有的只是抿着嘴笑……

怎么啦？一位女生笑颜灿烂地指向我的裤腿间，我才发现：呀！原来因为赶时间走得太急了，裤腿间的拉链门都没拉好！真粗心，忙中出错，在大庭广众之前，让人尴尬不已，想起以前就说过，课前不作充分准备不会给学生上课的诺言，只好勉强自我解嘲地说："唉，准备再充分，也有疏漏的地方！"

学生们越发哄笑了起来，一双双清澈明亮的眼睛望着老师笑，我感受到那是天真无邪的笑，这种例子，据说其他学校的老师也有过的，我又释然了，在笑声中我恢复了自信。

学会自嘲吧。自嘲也是教师的一种语言艺术。

自嘲，是宣泄积郁、制造心理快乐的良方。学会自嘲，我们就会拥有平稳和健康的心理，一副健康的体魄。老师们，不要小看自嘲的力量！

第三节 课堂上的幽默

教学幽默艺术能有效地激发学生求知欲，直接有利于学生对知识的理解和掌握。据研究发现，如果在叙述一个概念时紧跟着举一个幽默的例子，然后再解释概念，学生的成绩就会提高。

在教学中，教师富有哲理和情趣的幽默，能深深地感染和吸引学生，使自己教得轻松，学生学得愉快。正如教育家斯维特洛夫所说："教育家最主要的，也是第一位的助手是幽默。"

教师幽默风趣的语言不仅可以使课堂气氛更加活跃，而且可以使学生在一笑之余引发联想，出神入化地推动他们领悟，使学生在理解知识的同时也感受到学习的乐趣。

在课堂教学中很好地利用幽默语言，犹如魔法棒一挥，问题迎刃而解，对教学有很大的帮助。俗话说：万事开头难，良好的开端往往是成功的一半。教师几句幽默的开场白便能调节课前紧张的气氛，缩短师生间的心理距离，使学生的畏惧感顿消，感到教师的和蔼可亲，愿意与教师配合。现在的学生都喜欢博学多才、热情开朗、平易近人又具有高超讲话艺术的老师，不喜欢正襟威"言"、不苟言笑、古板冷漠又缺乏讲话技巧的老师。

以下是一位老师精彩的自述：

记得一次自己在其他学校上公开课，面对一群陌生的孩子，面对一大群听课的同行，我试着这样做开场白："我请大家猜个谜，香蕉、沙漠、龙袍，它们的共同点，打一个姓。"此语一出，就如一块石子投入平静的湖中，激起了学生的好奇心和探究欲，同学们积极思考着，一会儿，一名同学举手回答："黄。"我大赞他聪明，掌声四起，课堂气氛即时轻松起来。

的确，幽默能够创造一种宽松活泼的氛围。课堂上适当地加入一些幽默的元素，能够使学生在轻松愉快的情境中，潜移默化地收集到知识的信息；使学生在哈哈大笑的过程中，兴高采烈地接受我们传授的重点难点，及时反馈他们自己的认识，加深对教材的理解和知识的巩固。

这是一位中学生写的一篇作文中的部分内容：

开学的第一天，王老师在急促的铃声中，夹着圆规、备课本、书，匆匆走进教室。他放下东西，环视了一下40张认真的脸，便走到黑板前，捋了一下头发，提笔疾书。顷刻间，"王林生"三个大字清晰地出现在黑板上，他头一昂，声音洪亮地说："本人叫王林生，以后各位就叫我'老王'！"老王？真有趣，我们被他逗乐了。

"笨"也许是学生的专利，可身为人师的老王却爱把"笨"用在自己身上。那天，我们上"整数与数轴"这一课时，老王却为难地说他还没搞懂，让我们自学，讨论，总结，然后讲给大家听，同学们既兴奋又激动地学起来。

经过一番埋头苦学之后，大家个个胸有成竹，跃跃欲试，竞相举手。"好，请赵老师上台！"老王请上了赵洋，自己坐到了学生席上。

赵洋却也大大方方地、认认真真地讲着，真像位老师。王老师聚精会神地听着，时而点头赞许，时而摇头反对，时而举手提问。课堂气氛就这样活跃啦，所学的知识也就这样灵活啦。

赵洋讲完了，老王的眉头也松弛了。他健步走上讲台，问："大家听懂了吗？""听懂啦！"台下，大家齐声回答。"谁来总结一下？""我……"同学们争先恐后地回答。一节数学课就这样轻松地过去了。

到了笔和橡皮擦战斗的日子。教室里鸦雀无声，大家正在考场上奋战呢！题目简单，不一会儿，大部分同学都已做完，偷偷地在搞"地下活动"。

我正在全神贯注地拼装赛车，哪知道老王正虎视眈眈地注视着我。终于，我在同学们的哄笑中猛然醒悟。抬头一看，正好与老王的目光撞个正着，我满脸通红，无地自容，真想找个地洞钻进去。

谁料老王却拿起我的试卷，看都没看，就打了满分。紧跟着又给几个开小差的同学打了满分，教室里沸腾了，同学们都把试卷交给老王。

打完分，老王回到讲台，神情狡黠地一笑："你们认为简单、稳得满分，我也成全你们，但是，审卷时，发现错误，双倍扣分。""啊！"我们这些"胜券"稳操者，个个仔细检查起来，老王对待我们真有绝招。

瞧，老王灵活、生动、幽默的讲课方式，激发了我们的学习热情，使我们在轻松、欢乐的气氛中学到了知识。

多么生动的课堂，即便是考试，在"老王"班级里的同学，也是幸运和快乐的。

幽默是教师教育机智与创新能力的展示。风趣幽默的教学语言充满了"磁性"和魅力，学生在开怀大笑中接受的知识，往往能够铭记终生，永难忘怀。

也许你会说，幽默感是一种本领，并不是每个人天生就有的。这没有关系，只要你能够认识到它的重要性，再加以培养，你也一样可以成为一个幽默的语言大师，令你的学生折服。

第四节　幽默要恰到好处

幽默语言是"润滑剂"，应当用到需要"润滑"的时候。一节课中，也不能都是幽默，如果都是幽默，就会把课堂变成"逗乐堂"，因此，幽默要恰到好处。从教学活动规律中掌握需要"润滑"的时候，恰如其分地用好幽默语言，也是教师运用幽默语言所要注意的问题。从教学实践看，一般来说，在这样几种情况下，是最需要运用幽默语言创造良好课堂气氛的：

1. 开始上课的时候

上课铃响过，老师走上讲台，有些学生还在低头忙着别的什么。老师煞有介事地说："警报已经响过，还不赶快'隐蔽'呀！真是两耳不闻窗外事，一心只干自己事！"

学生都乐了，立即坐得端端正正。一句幽默，创造了课堂气氛和老师讲课的良好开端。

2. 在学生听讲出现疲倦样子的时候，用幽默唤起学生的情绪

春天的课堂里，和煦的春风吹得学生睡眼蒙眬，老师见状，也佯装打瞌睡，并絮絮呓语："暖风吹得师生醉，直把教室当卧室……春眠不觉晓，还是睡觉好。"

语调抑扬顿挫，充满幽默风趣的情味，学生被逗乐了，教室里一片笑声，驱散了学生的睡意。

3. 在学生不遵守课堂纪律的时候，用幽默语言提醒同学们遵守课堂秩序，往往会比直接批评的效果更好

数学课上，几个男同学看着窗外的春色，互相使眼色，还小声说

话。老师强调过一次课堂纪律，不见效。于是，老师改变方式，笑着说："今天是 3 月 8 日，是女生们的节日，可我搞不懂，咱们班的几位男同学干吗那么兴奋？"

这句话，说得全班哄堂大笑，那几位男同学很不好意思，也跟着大家笑。笑声过后，同学们都聚精会神地听课了。

4. 在学生对老师讲授的抽象原理感到枯燥，不集中精力听课的时候，运用一点幽默语言，往往会比训斥学生的效果更好

一位军校教员讲课时，看见几位学员把脑袋伏在课桌上，不认真听讲，他停止讲课，讲了这样一个故事："听说有一个小企鹅，在跟师傅学垒巢时，总是爱把头和脖子贴到地面上待一会儿，师傅问：'你这是什么意思？'小企鹅回答：'是对师傅的礼貌'。由此我深受启发：有些学员上课不注意听讲，总是喜欢把头贴在桌子上，可能这也是对教员的礼貌吧！"

话音一落，笑声骤起，那几个学员赶快抬起头来，面生愧色。等教室里静下来之后，这位教员才又接着讲下去。

适时、适度的幽默是教师必不可少的"灵丹妙药"，能够唤起同学们求知的欲望和强烈的好奇心。点到即止，恰到好处，这才是幽默的高境界。

第五节　得法才能曲尽其妙

在教学过程中，教师的幽默艺术得以发挥作用的方法多种多样。得法才能曲尽其妙，有了恰当的方法，做一个受欢迎的、懂幽默的教师就没有想象中那么难了。然而，幽默教学有法，却无定法。只有见机而幽默，适时而幽默，才能掌握幽默的要领。

1. 正话反说

"三十六计"中有一计是"声东击西"，而正话反说正是追求这种效果。指哪并不打哪，而是在别人毫无知觉时，靠突袭得手。

战国时期，楚国有一位能言善辩的人，名叫优孟，他善于在谈笑之间劝说国君。楚庄王有匹爱马，楚庄王看重这匹马远远超过人。比如他为马披上锦绣的衣服，将它养在华丽的房舍里，马站的地方设有床垫，并用枣脯来喂它。可是，马因为吃得太好太多，不久就患肥胖病死了。楚庄王非常难过，下令全体大臣给马戴孝，不仅准备给马做棺材，还要用大夫的礼仪来安葬马。

群臣对楚庄王的做法都非常反对，纷纷上书劝楚庄王别这样做。然而楚庄王对群臣的劝说十分反感，并下令说："谁再敢对葬马这件事进谏，格杀勿论！"

由于楚庄王的淫威，群臣们都不敢再进谏。优孟听说这件事后，马上来到殿门，刚步入门阶就仰天大哭。楚庄王见他哭得这么伤心，觉得很惊奇，问他为什么大哭。

优孟说："这匹死去的马是大王最疼爱的，楚国是堂堂大国，用大夫的礼仪来安葬，礼太薄了，一定要用国君的礼仪来安葬它。"

楚庄王听到优孟不像群臣那样拼死劝谏，而是支持他的主张，不禁喜上心头，很高兴地问道："照你看来，应该怎样办才好呢？"

"依我看来，"优孟清了清嗓子，慢吞吞地说，"以雕工做棺材，用耐朽的樟木做外椁，以上等木材围护棺椁，派士兵挖掘墓穴，命男女老少都挑土修墓，齐王、赵王陪祭在前面，韩王、魏王护卫在后面，用牛、羊、猪来隆重祭祀，给马建庙，封它万户城邑，将税收作为每年祭马的费用。"说到这里，优孟才将话锋一转，指出了楚庄王隆重葬马之害："这样，诸侯听到大王对死马的葬礼如此隆重，都知道大王认为人卑贱而马尊贵了。"

这就是所谓的正话反说，说出来的话，所表达的意思与字面意思完全相反。如字面上肯定，而意义上否定；或字面上否定，而意义上肯定。这也是产生幽默感的有效方法之一。

2. 随机发挥

所谓随机发挥，就是把新鲜的事例信手拈来，结合教学实际，临场灵活发挥的一种方法。

一位物理老师在讲"密度的应用"时，班上一位女同学却在和同桌一起玩一枚银戒指，而且还吸引了不少其他同学的目光。这位老师灵机一动，一边讲着课一边踱到该女生身边，拿过戒指风趣幽默地说："你翻来覆去地观察这枚戒指，大概是怀疑它不是纯银的吧？那我就教给你们鉴别真伪的方法。"学生们佩服地笑了，既为老师的风趣，又为老师的机智。

随机发挥的幽默是老师智慧的瞬间闪现，也是引发学生兴趣的法宝。

有一位政治老师在讲"矛盾的转化"时，顺手拈来一个改编对联的故事：从前，有一个人在过春节前，在其对手家的门上偷偷地贴了一副对联："福无双至，祸不单行。"第二天，对手起来一看，一点也没有生气，而是提笔给对联的上联和下联各加了三个字，对联就变成了"福无双至今朝至，祸不单行昨日行"。听到这里，同学们禁不住为矛盾的转化叫绝，课堂气氛顿时活跃起来，由此想到了"塞翁失马"和"祸福相依"的故事。

3. 妙用谐音

谐音，首先是汉语的一种修辞手法，然后成为一种语言技巧，在语言艺术（尤其是相声）中经常使用。它以音同意不同的表达特色和对语言惯性结构的利用与反拨，造成了一种语言复意，产生出一种陌生化效果。如许多广告语中对谐音的利用都能产生叫人过目不忘的效果。试举几例：依"脍炙人口"创造出"快治人口"，"默默无闻"作"默默无蚊"，"贤妻良母"作"闲妻凉母"，等等，这类谐音均体现出一种特殊的趣味。

一所学校有一段时间考试风气不是太好，师生们反响强烈。学校领导决定在期末考试中狠抓考风，要求监考老师必须再三强调纪律，严肃认真监考。一时间，学生如临大敌，个个十分紧张。一位老师发现这种气氛很不利于学生发挥应有的水平，于是在考试前念完了《考场纪律》后，又说了下面一段话："同学们，你们可以做武林高手，但切莫做'舞（舞弊）林高手'，武林高手是勇敢而强健的，'舞林高手'是怯懦而卑微的。"同学们听了，都会心地笑了起来，紧张气氛大大缓解。

这位老师就很好地利用了谐音，既产生了幽默效应，也达到了所要完成的目的。

一位班主任在班会课上对学生进行纪律教育，当说到不要在课间休息的时候追逐打闹，有个学生咕哝一句："尽说废话！"声音虽小，但全班学生还是听得很清楚。面对学生的错误态度，教师依然充满深情地说："这位同学说得不错，我刚才说的的确是'废话'，是从内心发出来的'肺话'——也就是肺腑之言！因为追逐打闹十分危险，很容易导致受伤。可老师是多么希望你们一个个都能健康成长啊！"

可见，如果在教育教学中恰当地使用谐音，可以显示教师语言的风趣与幽默，增加其生动性，并通过谐音复意向学生展示出更多的知识。

4. 故意曲解

所谓曲解，就是对对象"歪曲"、"荒诞"地进行解释，以一种轻松、调侃的态度，将两个表面上毫不沾边的东西联系起来，造成一种不和谐、不合情理、出人意料的效果，从而产生幽默感。有意违反常规、常理、常识，利用语法手段，打破词语的约定俗成，临时给它以新的解释，甚至对问题进行歪曲性解释，把毫不相关的事捏在一起"拉郎配"，从而造成因果关系的错位或逻辑矛盾，得到出人意料的结果，形成幽默感。

有意曲解还包括偷换概念。将对方谈话中使用的概念借用过来，并赋予新的内容，也会产生幽默的效果。如一位妻子瞪着丈夫说："我一见你就来气。"丈夫却慢条斯理地回答："好啊，我练了一年气功还没气感，原来是你把我身上的气都吸到你身上去了。"这位丈夫巧妙地将生气的"气"偷换成气功的"气"，逗妻子一乐，她的"气"也就在笑声中消了。

偷换概念的另一种方法是"以偏概全"。对于范围过宽或比较抽象的问题，只用其中的一个方面进行说明，既有利于回答难以回答的问题，又体现了幽默感。

有一次，一名新闻记者问萧伯纳："请问乐观主义者和悲观主义者的区别何在？"这是一个范围很大且很抽象的问题。如果要从理论上作出一个准确的回答，恐怕费好大劲也不一定能令对方满意。于是他说："假如这里有一瓶只剩下一半的酒，看到这瓶酒的人如果高喊：'太好了，还有一半！'这就是乐观主义者；如果悲叹：'糟糕，只剩下一半了。'那就是悲观主义者。"

在这里，萧伯纳巧妙地使用"以偏概全"的方法，选择了一个生动的事例，化大为小，回答得轻松自如，不仅颇有幽默感而且令人回味无穷。

第三章　话有哲理才精彩

高尔基说："青春是有限的，智慧是无穷的，趁短暂的青春去学无穷的智慧。"文学大师冰心说："世界上充满了光和爱，等着青年自己去找。"这些都是关于青春的哲理性语言，如果教师能将这样的语言合理、恰当地运用到课堂当中，那么必定能引起学生的理性思考，能给学生以深刻的思想启迪，学生们也会非常喜爱这样的老师。

第一节　说理而明理

哲是智慧，是人类智慧的花朵。理就是道理，是符合规律的道理。哲理是关于宇宙和人生的原理，是对事物本质的揭示和对事物内涵的概括。是人们生活、情感、诗意凝聚的"珍珠"。

哲理性语言的基本特点是富有哲理。运用哲理性语言说理，或者对学生进行说理教育，是充分发挥哲理性语言功能的一个主要方面。

说理，就是剖析事物，说明道理。哲理性语言中，大都是揭示事物、说明道理的语言，对于教师用来说明道理很有裨益。

《老子》中有一句关于祸福相互转化的名言，叫作"祸兮福之所倚，福兮祸之所伏"。意思是说，祸中依傍着福的征兆，福中潜伏着祸的根源。这句话，揭示了祸与福的辩证关系以及两者相互转化的规律，同一般人把祸与福看作绝对对立物相比，它确实充满了智慧和哲理。社会生活中，许多祸与福的现象之间是相互联系和转化的。"塞翁失马，焉知非福"，说的就是一个典型事例。

离边塞不远的一户人家的一匹马跑到塞外去，爱好骑马的主人很痛心，邻人也替他惋惜，他的父亲却说："怎么知道这不会成为一件好事呢？"几个月后，那匹马跑回来了，还带回了塞外匈奴的一匹马。邻人听说后向他祝贺。他父亲却说："怎么知道这不会成为一件坏事呢？"果然，他在骑匈奴那匹马时，马不驯服，使得他从马上坠下来摔伤了一条腿。邻人又来慰问，他父亲说："这也可能成为一件好事。"一年后，匈奴军队大举入侵，当地身体健康的青壮年中很多人应征入伍，他因为一条腿伤残而免征入伍。

这个故事，使人明白，祸与福之间有着内在联系，可以相互转化，给"祸兮福之所倚，福兮祸之所伏"作了注解。

诸如此类的、说明矛盾着的双方事物之间互相联系、互相转化的哲理性语言很多。如："有无相生，难易相成，长短相形，高下相倾，音声相和，前后相随""治不生于治而生于乱，乱不生于乱而生于治""乱极则治，暗极则光"等等。

土出自于《孙子兵法》中《谋攻篇》的"知己知彼，百战不殆"，是古代军事科学思想中一个重要的理论概括。"知己知彼，百战不殆"，意思是说，对自己的情况和敌人的情况都要有透彻的了解，据此作出正确的比较、判断和决策，可战则战，不可战则不战。这样，就能避免失败的危险，就能百战百胜。这句话，准确地揭示了战争的一条规律性要求，至今依然闪耀着智慧的光彩，使人们从中懂得一条定理并广泛地运用于各个领域。

又如"野火烧不尽，春风吹又生"，出自唐代诗人白居易的一首诗《赋得古原草送别》。白居易青年时期家境贫困，对社会生活及人民疾苦，有较多的接触和了解。16岁那年，他到京城长安去参加考试，带了一卷自己写的诗稿，先去拜访著名诗人顾况。顾况是个关心人民疾苦的新乐府诗人，他的作品多反映现实生活，但此人性情高傲，开始根本没把初出茅庐的白居易放在眼里，看到诗稿上署名"居易"二字时，借故讥讽说："长安米价昂贵，居住下来并不容易啊！"但是，当他读完《赋得古原草送别》一诗时，竟情不自禁地拍案叫绝，马上改变口气，说："你能写出这样的诗句，在长安居住就容易了。""野火烧不尽，春风吹又生"，意思是青草的生命力非常旺盛，野火燃烧不能使它灭绝，只要春天气候一到，它又生机勃勃地生长起来了。比喻适应客观规律而出现的事物有着顽强的生命力，是扑灭不了的。这句哲理性语言，借用一种自然现象，揭示了一种客观规律，说明了客观规律不可抗拒的道理，充满了哲理和智慧。

教师在教学实践中多用哲理性语言，有助于自己把事理讲明白、讲透彻，也便于学生听明白，使学生从哲理性语言中受到思想上、理论上的启迪，留下难忘的印象，有的哲理性语言会使得学生一辈子都忘不了，终身受用。

运用哲理性语言给学生说明道理，要准确掌握哲理性语言的含义，运用得当，而且还要针对不同学生的不同思想状况，因人施教，以求取得好的教学效果。

总之，运用哲理性语言在课堂上发挥作用，实为一个优秀教师不可不知的方法，因为这不仅可以使教师在学生心目中获得认可，更重要的是它能使学生明理，能够启迪学生的智慧。

第二节　启迪后的顿悟

哲理性语言，大都是表达一个深刻的哲理，其哲理能够对人们的思想给予启迪，使人顿悟。正如演讲家郭海燕所说："教育艺术家如果善于运用哲理性语言去撞击和敲打被教育者的心扉，那么将大大增强教育的力度，更好地发挥教育艺术启民心、开民智、兴民德、鼓民力的作用。"

教师在教学实践中运用好哲理性语言，可以充分发挥它对学生思想的启迪作用，使它在学生思想教育和智力开发中迸发出一朵朵智慧的火花。

唐代诗人刘禹锡在朝为官，因参加革新失败，被贬为和州刺史，后被召还京城时，路过扬州，与白居易相遇。白居易作《醉赠刘二十八使君》一诗相赠，刘禹锡回赠一首，题目是《酬乐天扬州初逢席上见赠》，诗中曲折表达诗人遭受政治打击，长期被远贬异地的愤慨之情。其中有两句哲理诗，自然形象而寓意深刻，这两句诗是："沉舟侧畔千帆过，病树前头万木春。"意思是，航道里总有暗礁、障碍，碰到它的船沉下去了，但旁边还是有许许多多的船只来往通过；虽见一两棵树病了枯了，但前面更多的树却是枝繁叶茂。

这是一种自然景象，诗人用它来寓示社会生活现象。这个哲理性诗句使我们明白，观察社会现象，要从整体的角度观察各种现象，不要孤立地看某一种消极现象，要分清它在整个社会生活中是主流还是支流，是多数还是少数，是个别现象还是一种倾向，这样才能全面看清形势，正确判定社会性质，不至于由于认识上的片面而使思想迷惑和消沉。

南宋爱国诗人辛弃疾《菩萨蛮·书江西造口壁》词中的"青山遮不住，毕竟东流去"，用青山挡不住大江东流的自然景观，寓示社会发展规律不可抗拒，有人想阻挡也阻挡不了。陆游《游山西村》诗中的"山重水复疑无路，柳暗花明又一村"，用描绘地理环境自然景象的方式，来比喻现实生活中一些人的经历和事情复杂、曲折、多变的现象。它给人们的启示是，遇到挫折和困难的时候，不要只看到一时的困境，不要灰心丧气，要把眼光放远一些，用发展和变化的眼光看问题，注意外部形势的发展和环境条件的变化，抓住机遇，不懈努力，总会出现新局面的。

哲理性语言的基本功能，就是揭示哲理，通过揭示哲理传播智慧，因而它能够给人以智慧，使人明白一些哲理，增加哲理知识。

一位足球运动员说："绿茵场上，奔跑不一定能进球，但进球必须奔跑。"这句话讲的是足球场上奔跑与进球的关系，但它揭示的哲理，在社会生活中具有广泛的指导意义，它提示人们，奋斗不一定能最终取得成功，但要想取得成功，必须努力奋斗，只要是有成功的可能，就应当为争取成功而奋斗，不奋斗就没有成功的希望。

嘉兴市某学校的李老师，在学生毕业前夕，留给一位大胆热情、能说会道，但有时不够踏实并有浮夸之感的学生的赠言是："我惊美牡丹的夺目奇艳，然而，更喜爱朴实无华的小草，因为它有着顽强的生命力，更经得起时间的考验。"李老师这个赠言，是针对学生的弱点写的，但它也道出了做人的哲理，使人从中受到应当如何做人的启示。

哲理性语言对人们思想的启迪作用，是多方面、多角度的。教师无论是在学生思想教育中，还是在其他教学活动中，都可以运用哲理性语言来启发学生，这样，既能增强学生思想教育和教学活动的效果，又能增强教师语言的艺术性以及语言运用的效果。学生们在得到启迪、获得顿悟后，也会对老师刮目相看。

第三节　精彩的人生观教育

许多哲理性语言，是对人生某一方面的高度概括。人生是一门非凡的学问，人生是一道多彩的风景线。人生既有酸、甜、苦、辣，亦有悲、欢、离、合。悲观怯懦者认为，人生是坟墓；而开拓进取者认为，人的一生是一个不断塑造自我的过程，人生是一片芳草地。教师运用哲理性语言对学生进行人生观教育，是大有可为的。

人生观是由世界观决定的，它是对人生的看法，也就是对于人类生存的价值和意义的看法。教师在讲课、讲演中应教育学生树立远大的理想。理想是一定历史条件和社会关系的反映，是事物发展的客观进程所提出的要求与人们自觉认识的统一。它是人们对未来事物的想象和希望，是人们对美好未来的向往和追求，是人生奋斗的有实现可能的目标。人是不可以没有理想的，人活着没有理想，就像大海中的航船没有罗盘。没有理想，就没有奋斗目标，没有理想，也就没有前进的动力，就会失去生活和奋斗的精神力量。革命战争年代，无数共产党人和革命志士，不怕牺牲，不怕任何艰难困苦，就是因为，在他们心中"革命理想高于天"，正是革命理想成为他们在艰难困苦之中赖以生存和奋斗的强大精神力量。事实证明，理想能够使人产生为之奋斗的巨大的精神力量。

说到运用哲理性语言进行人生观教育，这里还有必要提到老子。老子，春秋末期人，名李耳，是登上中国哲学舞台的第一个有极大智慧的古代大哲学家，又是道家学派的创始人。他的代表作——《老子》，又名《道德经》，其语言，言简意赅，富有哲理，成为研究中国哲学思想的重要文献。老子看人生种种问题，从宏观出发，而又能微观地作多方面的审视。他的许多言简意明、富于哲理的见解，对世人修德、修身、立世做人富有启发性，就是在今天，仍有一定的现实意义。

老子指出自满的危险："持而盈之，不如其已。揣而锐之，不可长保。金玉满堂，莫之能守。富贵而骄，自遗其咎。"意思是，若是自满自夸，不如适时而止，因为水满自溢，过于自满的人，必会跌倒。若常显露锋芒，这种锐势总不能长久保住，因为过于刚强则易折，惯于逼人，必易遭打击。金玉满堂的人虽然富有，但却不能永久保住他的财富，而那恃富而骄的人，最后必自取其祸（林语堂《老子的智慧》）。

老子列举了种种不可取的行为："企者不立，跨者不行，自卫者不明，自是者不彰，自伐者无功，自矜者不长。"意即凡翘起脚尖想要出人头地的，反而站立不稳；凡跨着大步想要走得快的，反而走不了多远；自己好表现的，反不能显达；自以为是的，反不能昭著；自我炫耀的，反而不能见功；自我矜持的，反不能长久。

老子在知识、学习、力量、财富等方面有过不少至理名言。"知人者智，自知者明。胜人者有力，自胜者强。知足者富，强行者有志，不失其所者久，死而不亡者寿。"意思是认识别人的是机智，了解自己的才算高明。战胜别人的是有力，克服自己的才算刚强。知道满足的就是富有。努力不懈的就是有志。不离失根基的就能长久。身死而不被遗忘的是真正的长寿。

老子具有朴素的辩证法思想，他对客观事物的矛盾性以及正反两方面互相转化法则的发现和理解，比任何一个古代哲学家更广泛更深刻。诸如"祸兮福之所倚，福兮祸之所伏"之类的至理名言，对后人产生了极其深刻的影响。

老子还有不少至理名言。如："祸莫大于不知足，咎莫大于欲得""千里之行，始于足下""柔弱胜刚强""天有不测风云，人有旦夕祸福"，等等。

清朝雍正初年，京师有一云游道士，叫贾士芳，因"精通医术"而被推荐给雍正皇帝。因贾确通些医术，又擅按摩，加之善用符咒，疗效颇显著，雍正十分高兴，于是贾身价倍增。但有一天，贾又为雍正治病，一面用手按摩，一面口诵经咒，念念有词地说："天地听我主持，神鬼听我驱使……"雍正听后，顿时勃然大怒，心想："鬼神"听你"驱使"犹可，"天地"岂能由你"主持"？立命停止治疗，将贾下狱审问，不久即行斩决，连贾的家属也遭株连。这真是"人有旦夕祸福"。

其实，自古以来，许多哲人的哲理性语言中，都有着大量的人生哲理方面的名言，其中不少名言具有积极意义。如："天下兴亡，匹夫有责""修身、齐家、治国、平天下""先天下之忧而忧，后天下之乐而乐""种树者必培其根，种德者必养其心""出淤泥而不染，濯清涟而不妖"，等等。

有关人生的哲理性语言，充满着隽永的意蕴和深刻的哲理，有的还充满着积极向上的情趣，如"先天下之忧而忧，后天下之乐而乐"等等，可以直接用来进行人生观教育；有的将其原有的含义加以改造，换成社会主义精神文明的内涵，利用精美的新瓶装上旧酒，就可以古为今用，让前人的哲理性语言在当今教育中放出新的光彩。

　　人生是一部永远读不倦的书。它给人不少启迪和顿悟。人生又是一部充满着痛苦与欢乐、遗憾与欣慰的交响曲，余音袅袅，其味无穷，仔细品味人生，将是一大乐事。为了让人生获得真正的喜悦，就必须敢于去跨越沟坎，辛勤创造人生的辉煌。我们的教师，应当注重运用具体、生动、形象的事例和道理，加强对学生进行马克思主义人生观的教育，在这当中，哲理性语言完全可以助我们一臂之力。

第四节　锦囊妙计

既然哲理性语言对于教师来说是如此重要，那么教师应该从哪几方面注意培养运用哲理性语言的修养呢？这就需要身揣"锦囊妙计"了。

1. 学会创新

教师进行哲理性语言的修养，要在学习古今中外哲理性语言的基础上，学习创造哲理性语言的方法。结合教学，学习哲理。运用哲理知识，对教学活动和社会生活中的现象加以概括，创造新的哲理性语言。这既是对语言发展的贡献，也是提高自身哲理性语言水平的途径。

某学校张老师在欢送毕业生大会上说："人生的道路像根长长的秤杆，我们自己就像一个秤砣，秤杆上的秤砣推得越远，在人生道路上的价值就应当越大！"掌声响起了，这跟简短有力的、具有创新意义的哲言有关。

2. 学用结合

前人的语言成果中，哲理性语言最为丰富多彩，这是我们进行哲理性语言修养的基础。我们对哲理性语言的学习和修养，不能从一片空白开始，首先要学习中外前人创造的哲理性语言，继承前人的哲理性语言成果，并且学以致用，在教学实践中加以运用，通过学用结合，熟悉大量的哲理性语言，熟练地掌握尽可能多的哲理性语言，做到需要的时候信手拈来，运用自如。

3. 理解原意

哲理性语言有着深刻而丰富的内容，这是不同于其他语言的特点。

前人的哲理性语言，又都是在特定的环境条件下，针对具体事情，为了表达某种思想情理而创造和运用的。任何哲理性语言都有它的特定含义。因此，只有查明哲理性语言的出处，查清它的来龙去脉，了解作者当时的用意，才能准确理解哲理性语言的原本含义，在运用哲理性语言的时候，才不至于发生错误和笑话，才能避免给学生作出错误的解释。

4. 改造内涵

从改造的角度来看，前人的哲理性语言有三种类型：第一种类型的语言，它自身包含的思想内容是积极向上的，如文天祥的不朽诗句"人生自古谁无死，留取丹心照汗青"等，不用改造它的内涵即可在教学实践中继续运用；第二种类型的语言，是直接指明了糟粕思想内容的，如"生死由命，富贵在天"等，其固有的内涵无法改造，只能从反面用以反映它原有的天命论思想；第三种类型的语言，即更多的哲理性语言，是可以通过改造其内涵，推陈出新，为社会主义教育实践所利用的。

我们学习前人的哲理性语言，不是为了收藏古董，而是为了今天社会发展的需要，因此，改造上述第三种类型的哲理性语言的内涵，继承这些前人语言自身的成果，推陈出新，古为今用，是教师进行哲理性语言学习和修养的一项任务。

有了这些锦囊妙计，很好地运用哲理性语言与学生进行对话，会变得很简单。

第五节　有备无患

哲理性语言说出来具有力度，引人深思。但许多教师苦于积累甚少，话到嘴边却说不出来，更不可能做到对哲理性语言信手拈来。那么，多积累一些哲理性语言，做到有备无患，就显得尤为重要了。

1. 老鼠嘲笑猫的时候，身旁必有一个洞。

2. 站在山顶和站在山脚下的两人，虽然地位不同，但在对方眼里，同样的渺小。

3. 路的尽头，仍然是路，只要你愿意走。

4. 使我们不快乐的，都是一些芝麻小事，我们可以躲闪一头大象，却躲不开一只苍蝇。

5. 两种人无药可救：一是不服从命令的人，二是唯命是从的人。

6. 在这世上唯一一件事比被别人议论更糟，那就是无人议论你。

7. 成功便是站起比倒下多一次。

8. 失败并不意味你浪费了时间和生命，失败表明你有理由重新开始。

9. 人生中有时不去冒险比冒险更危险。

10. 所有的人都站在一边并不一定是好事，譬如他们都站在船的一边。

11. 许多人爬到了梯子的顶端，却发现梯子架错了墙。

12. 偶然的成功比失败更可怕。

13. 才华其实就是把与人相同的聪明用到与众不同的地方。

14. 状态是干出来的，而不是等出来的。

15. 聪明人能洞察事物未来的发展趋势。他们在发洪水之前养鸭，而不是养鸡。

16. 事常与愿违，事总在人为。

17. 在敌人面前，谁先镇定下来，谁就离胜利不远了。

18. 所有的人都是平凡的，有些人因知道这一点而真正成了平凡的人。

19. 生活是锻炼灵魂的妙方。

20. 怎样思想，就有怎样的生活。

21. 面对光明，阴影就在我们身后。

22. 幸运之神的降临，往往只是因为你多看了一眼，多想了一下，多走了一步。

23. 信心是命运的主宰。

24. 书是唯一不死的东西。

25. 胆怯的人在危险前被吓住了；懦弱的人在危险中被吓住了；勇敢的人在危险过后被吓住了。

26. 成功可招引朋友，挫败可考验朋友。

27. 知识是一种使求知者吃得越多越觉得饿的粮食。

28. 憎恨别人就像为了逮住一只耗子而不惜烧毁你自己的房子。但耗子不一定逮到了。

29. 每个人的一生都有许多梦想，但如果其中一个不断搅扰着你，剩下的就仅仅是行动了。

30. 世上只有想不通的人，没有走不通的路。

31. 失败发生在彻底的放弃之后。

32. 所谓敌人，不过是那些迫使我们自己变得强大的人。

33. 使人疲惫的不是远方的高山，而是鞋里的一粒沙子。

34．最了解你的人有时不是你的朋友，而是你的敌人。

35．你若不想做，会找一个或无数个借口；你若想做，会想一个或无数个办法。

这些虽然只是哲理性语言大海中的一瓢水，但也足以让教师充实自己。有备无患，方能成就大业。

第四章　语不惊人死不休

古希腊哲学家德莫克利特认为："要使人信服，一句言语常常比黄金更有效。"的确，一句合时宜的语言在某种特定场合中，给人启迪，引人深思，发人深省。中小学生对一切新鲜事物充满好奇，如果教师能抓住他们的这一特点，用"不同寻常"的语言吸引他们，那么再枯燥的课堂也会变得生动有趣。

第一节　新语言妙用

语言是发展变化的。随着时代、社会的进步，新名词、新概念、新句式会不断涌现，它们身上必然浓缩着某个时代的特征，也积淀着特定时期人类文明的成果，因而是教师不可忽视的知识宝库。这就要求教师在注重自身语言的科学性、逻辑性和条理性的同时，还要讲求语言的鲜活性和新颖性，使自己的语言生动活泼而富有时代感，从而不断激发学生的学习兴趣，收到良好的教学效果。

一位教师在讲授苏轼的《水调歌头·中秋》的时候，对"但愿人长久，千里共婵娟"一句作了如下解释："同学们，苏东坡先生远离家乡，在中秋佳节特别思念亲人，他的情和爱都熔铸在这如水的月光里。他对月抒情，借月怀人，这最后两句表达的意思是：'我的爱也真，我的情也深，月亮代表我的心。'只是他的爱是对亲人的爱，他的情是手足之情，他托月亮捎去的是对亲人的深深祝福。"

这段话情感真挚、流畅自然，教师巧借流行歌曲的歌词打通了古今情感表达的通道，生动展现了课文的意境。由于学生对这段歌词十分熟悉，教师的讲解便深深拨动了学生的心弦，大大拓宽了学生的思维空间，使学生在新鲜而充满活力的语言诱导中深深地理解了课文。

在网络十分发达的现今，网络语言的流行是不可避免的。教师在日常的工作中，教育教学也好，政治思想工作也罢，经常会遇到学生使用网络用语的情形。试想一下，如果教师也能适当地在课堂中运用一些网络语言，学生们会多么欣喜和激动啊！

武汉市第四十九初级中学九（7）班的化学老师李自喆，是个很"潮"的老师。

这个才25岁的小伙子，戴着一副黑框眼镜，一身运动打扮，很有青春活力。作为一名"85"后，他爱上网，爱看漫画，有时还与学生一起打篮球，上课自然活力四射。

在讲"金属的化学性质"这个知识点时，为了让学生理解金属的活泼程度，李自喆信手拈来网络热词："镁很活泼，遇到酸就hold不住，反应非常剧烈，而铜等金属就很淡定。"金属按活泼程度排序为钾、钙、钠、镁、铝，一些学生记不住，李自喆教给他们谐音法记忆："嫁（钾）给（钙）那（钠）美（镁）女（铝），记住了吧？"

"李老师讲课很幽默，课堂气氛很活跃，这些知识点我们记得也牢。"班长汪如霜说。有一次讲化学推断题，李老师说，做推断题就像柯南破案，真相永远只有一个，只有找到有价值的线索，才能最终得到答案。

李自喆在学生中很有号召力，有时幽默，有时也会严肃。也许是年轻的原因，李老师很有亲和力，班上有近一半的同学是李老师的QQ好友，大家偶尔互相调侃。从教3年的他，从去年开始首次担任毕业年级班主任，为了培养学生的自我管理能力，他立下规矩：表现好的学生奖励看电影。不少学生都看过他推荐的励志电影《老男孩》，以至于《老男孩》的主题曲都成了班歌。

网络语言自有它的魅力，但教师也要提醒学生，注意用语场合，切不可将网络语言大篇幅用在作文中。

丰富多彩的生活是教师语言取之不尽的源泉，只要教师是一个有心人，常在周围的语言世界中"取清风、揽明月"，他的教学语言就会日新月异、多彩多姿。有了这种基础，即使是最传统的知识在他的口中也能花样翻新，魅力无穷。

一位政治教师在讲授"坚持集体主义，反对个人主义"的相关内容时就因巧借新语而达到了这种境界。这位教师上课伊始就满怀激情地朗诵当时流行的《众人划桨开大船》的歌词："一只竹篙哟，难渡汪洋海。众人划桨哟，开动大帆船。一棵小树哟，弱不经风雨。百里森林哟，并肩耐岁寒。一加十，十加百，百加千千万。你加我，我加你，大家心相连。同舟共济海让路，号子一喊浪靠边。百舸争流千帆竞，波涛在后岸在前。"

　　青少年朋友都非常喜爱这首歌，有的还经常吟唱。自然，教师慷慨激昂的吟诵必然使学生沉浸在愉悦、欢快、热烈的氛围之中，教师再乘兴点题："这段歌词的寓意就在于，要坚持集体主义反对个人主义。那么什么是集体主义和个人主义？为什么要坚持前者、反对后者？"这样，在歌曲激起的情趣中，学生们兴味盎然地开始了对政治理论的探讨。

第二节　句式巧变化

虽然汉语句式有其规范性，不能随意改变，但是在特定的言语环境中，为了表达需要，也是可以突破语言常规，对句子进行创造性变异的。

从句法结构上来说，教师口语中常用的变异方法有以下几种：

1. 插说句

插说句必须是带独立成分的句子。独立成分不与句子发生结构上的关系，位置也比较灵活，可以在句首、句中或句尾，作用多种多样，或表示招呼，或引起对方注意，或补充说明，或起关联作用，或放慢句子节奏等等。如："依我看哪，你还是找曹先生去。"（老舍《骆驼祥子》）"依我看哪"是独立成分，表示说话人的意见、态度。又如："宣统三年九月十四日——即阿Q将褡裢卖给赵白眼的这一天——三更四点，有一只大乌篷船划到了赵府的河埠头。"（鲁迅《阿Q正传》）"即阿Q将褡裢卖给赵白眼的这一天"是独立成分，表示补充说明。再如："你看，我不是听你的话进来了么？"（曹禺《雷雨》）"你看"是独立成分，表示引起注意。另如："她不蛮漂亮，但也不丑，脸模子，衣架子，都还过得去，由此可见，新郎是个又老实又不老实的角色。"（周立波《山那边人家》）"由此可见"是独立成分，表示总括、接续。再如："看样子，她儿媳妇倒可以再争取争取。"（冯德英《苦菜花》）"看样子"是独立成分，表示推测。

口语表达往往受意识流动的支配，有时话说到一半，忽然觉得需要补充、注释、说明、引例、强调或提示等，就常用插说句来表达，教师口语中，插说句的运用是比较常见的。

下面是一位老师在讲《我的叔叔于勒》时的教学片段：

家里明明很穷，买的衣服都是什么底货，——"底货"就是陈货，就是留在"底下"的那些货，可以便宜点。——但是还要摆阔气，好像呢，家庭很富裕，要面子。对吧？

这位老师很了解学生，在讲到"底货"时，认为这个词不容易理解，应该进行解释，于是中途插进"'底货'就是……"一句进行解释，再接着讲完原来的句子。

再看另一位老师讲《荔枝蜜》：

师：嗯，好，这（蜂蜜）是个稀罕物。那么这样好的东西，大家一起说——是谁酿的呢？

生（集体）：蜜蜂。

这里的插说句"大家一起说"，其作用是提示。

又如一位老师上《动物的远游》：

师：人呢？一个人，游完一百公尺，如果是在一分钟以内的——我们班级有没有这样高速度的？有的话，可以参加国际比赛。

这里插说句的运用，由一般的泛说，引到班级的同学，旨在引起同学的注意，增加他们的听课兴趣。

2. 断续句

断续句也就是俗称的半截子话，是指形式上不完整的、断而待续的话，老师只说了上半句，便断了，下半句由学生补说，这样才合成一句完整的话。

在小学的中低年级教学中，断续句的使用频率是非常高的。如某小学班主任在新学期第一堂课中和同学们的对话如下：

师：同学们，你们有没有忘记课堂纪律呢？上课要认真——

生：听讲。

师：不能交头——

生：接耳。

老师的话只说了一半，另一半则由学生接着说完，师生共同把语义表达完整。

断续句的主要作用是引发思考。它的功能相当于一个询问句。一般情况下，老师的半截子话后面往往可以补出一个疑问代词"谁""什么"或"怎么样"等。学生只有通过思考，动一番脑筋，才能准确地续上老师的话。如上面的例子，老师的半截话，旨在询问学生，还记不记得课堂纪律的基本要求，学生若不经过思考分析，就不一定能准确地续上老师的话。再看一位老师讲《岳阳楼记》：

师：人说"诗有诗眼，文有文眼"，同学们说说看，《岳阳楼记》的点睛之笔是什么？

生："先天下之忧而忧，后天下之乐而乐。"

师：对！这是古仁人的思想境界，更是范仲淹的高尚灵魂的体现，要达到这个境界，就必须——

生："不以物喜，不以己悲。"

这里老师的半截话，实际上是问学生，要达到这个境界，必须怎么样。学生的后半句是根据课文进行一番思考以后才续上的。

运用断续句还能起到集中学生注意力的作用，老师的话说到一半停下来，让学生参与表达，这样能促使学生全神贯注地听课，牢牢把握老师的思路，强化师生之间的联系和交流，同时也可以使课堂气氛更加活跃。我们再看一位老师讲《石钟山记》：

师：科学和探险是一对孪生兄弟。探险首先需要勇气，只有不怕艰苦，深入险境去调查，才能获得最真实的东西。苏东坡这样做了，他获得了对石钟山命名的较科学的认识。由此，我们可以看出他写这篇文章的意图是——

生：是告诫世人，追求真理要去掉一个"怕"字，要勇敢地去探险，去求实，千万不要像李渤那样浅尝辄止。

老师以一个断续句提示学生，让学生集中注意，在作了一番思考的基础上说出结论。这样既强化了理解，又活跃了气氛。

3. 倒装句

为了强调、突出等语言目的而颠倒原有语序的句式叫作倒装句。在倒装句中，颠倒了的成分可以恢复原位而句意基本不变，句法成分不变。汉语没有严格意义上的形态变化，语序是重要的语法手段。汉语的语序，一般情况下，是较为固定的，如主语在前，谓语在后，定语状语在前，中心语在后，述语在前，宾语在后，偏句在前，正句在后，等等。但有时为了表达上的需要，也可改变寻常语序，作变异的运用。

倒装的形式一般有主谓倒置、宾语前置、定语后置、偏正倒置等几种。

主谓倒置也叫谓语前置或主语后置。古汉语中，谓语的位置也和现代汉语中一样，一般放在主语之后，但有时为了强调和突出谓语的意义，在一些疑问句或感叹句中，就把谓语提前到主语前面。例如：甚矣，汝之不惠。全句是"汝之不惠甚矣"。谓语前置，表强调的意味，可译为"你太不聪明了"。

一位老师在上课时发现一位同学目光呆滞地望着黑板，便走到这个学生跟前，说：

"怎么了，你？"

这里谓语"怎么了"出现在主语"你"之前，表现了老师急于想知道学生情况的心情。

主谓倒置的主要作用，在于强调。谓语往往是句子的核心，谓语前置可以突出句子的核心信息。教师口语表达中，这种用法非常多见。如："回去吧，你们！""快来呀，同学们！""唱起来吧，大家。""很容易，这道题。"

宾语前置就是把宾语置于动词之前。如某教师在上《彩色的翅膀》

一课时，讲到文章的最后一段：

师：这样一对彩色的翅膀，作者看到了。但他感兴趣的是不是蝴蝶？

生：不是。

师：写蝴蝶是为了突出谁？

生：海岛战士。

这里把"看到"的宾语"彩色的翅膀"提到前面来，表达自然，客观上也体现了宾语前置的作用。

定语后置，就是把定语置于中心语之后。定语后置的主要作用，是突出定语，同时也可使句子的主要部分更加简洁紧凑。例如《春》一课中的句子：

春天像小姑娘，花枝招展的，笑着，走着。

这一句也可说成"春天像花枝招展的小姑娘，笑着，走着"。这是常式表达，语句显得平淡。把"花枝招展的"这一定语后置，作变异的表达，起了强化作用。更加突出了春姑娘的活泼形象，而且读来语气舒缓，变化有致。

偏正倒置，就是把偏句置于正句之后。其作用主要也是强调。

如语言学家吕叔湘先生说的一段有关口语的话：

口语至少跟文字同样重要，如果不是更重要的话；许多语言学家认为口语更重要，因为口语是文字的根本。

这里既有假设倒装，又有因果倒装。分别突出了假设条件和原因。句式的变异，使表达显得更加活泼。

如果哪位教师还在为自己的语言太过乏味而感到苦恼，那么不妨试一试变化句式吧！

第三节　善用比喻好处多

比 喻是一种常用的修辞手法，用跟甲事物有相似之点的乙事物来描写或说明甲事物。在日常交际中，比喻可以使很复杂的问题变得简单，抽象的问题变得具体，枯燥乏味的问题变得生动有趣。

孟子善用比喻进行说理，在《孟子·梁惠王上》中，孟子以"五十步笑百步"这个故事比喻那些没有自知之明的人。

梁惠王说："我在位，对于国家的治理，可以说是尽心尽力的了。河内（今河南省黄河北岸）常年发生灾荒，收成不好，我就把那里的一部分老百姓迁移到收成较好的河东去，并把收成较好的河东地区的一部分粮食运到河内来，让河内发生灾荒地区的老百姓不至于饿死。有时河东遇上灾年，粮食歉收，我也是这样，把其他地方的粮食调运到河东来，解决老百姓的无米之炊。我也看到邻国当政者的做法，没有哪一个像我这样尽心尽力替自己的老百姓着想的。然而，邻国的百姓没有变少，而我的百姓也没有变多，这是什么原因呢？"孟子回答说："大王喜欢打仗，我就用打仗来打个比方吧。战场上，两军对垒，战斗一打响，战鼓擂得咚咚响，作战双方短兵相接，有人丢盔弃甲，拖着兵器逃跑。那逃跑的士兵中有的跑得快，跑了一百步停下来了；有的跑得慢，跑了五十步停下来了。这时，跑得慢的士兵却为自己只跑了五十步就嘲笑那些跑了一百步的士兵是胆小鬼，您认为这种嘲笑是对的吗？"梁惠王说："不对，他们只不过没有跑到一百步罢了，但是这也是临阵脱逃啊！"

孟子说："大王如果明白了这其中的道理，那么就没有必要再希望您国家的老百姓比邻国多了。"

……

有经验的教师总是多用、善用比喻，以使自己的语言锦上添花，并由此而创造了许多成功的实例。

在一堂作文课上，一位教师为鼓励学生认真修改作文，说了这样一段话：

同学们，大家常常写文章，可知道什么叫文章吗？《辞海》上说："绘图之事，青与赤谓之文，赤与文谓文章。"人的脸皮有青有赤也有白，可见，每个人的脸皮就是一篇天生的文章。（笑声）古今中外，各色人等，尤其是女同胞都是非常讲究修改"文章"的。（大笑）你看吧，她们每天早晨起来梳妆，对着镜子用"增白蜜"反复揣摩（涂抹），再用胭脂、唇膏精心润色（大笑），还要用特制的眉笔仔细地修改"眉题"，甚至连标点符号也毫不含糊——非要用手术刀将"单括号"（单眼皮）改为"双括号"（双眼皮）不可！（笑声、掌声）你们看，这是何等严肃认真、高度负责的态度啊！我们每个人都有自己的"文章"，要使自己的"文章"出类拔萃，不在"修"字上下一番功夫行吗？（笑声）著名文学家何其芳同志说："修改文章是写作的一个重要部分。"看来，这是一条至理名言啊！

要求学生认真修改文章，本来是一个很严肃、很宽泛的话题，但这位老师有意以人的脸设譬，把写作修改和女性的梳妆打扮巧妙地联系起来，既生动形象又诙谐幽默，收到了激趣扬情的课堂效果，体现了教师的独到匠心。

比喻，就是取比喻意。它要求"比"要取得类同贴切，"意"要喻得巧妙自然；要真正实现将抽象的道理具体化，深奥的道理通俗化，裸白的道理文雅化。唯其如此，我们的语言才会进入美学境界，并散发出艺术的魅力。

那么，怎样才能用好"比喻"，让"比喻"搭建起师生沟通的桥梁呢？

1. 喻体要具体形象

在课堂教学中之所以要运用"比喻"，目的是为了将某些抽象的概念具体化、生动化。这就要求我们所选的"喻体"要生动具体。如，小数点位置移动引起小数大小变化这一规律一直是教学的难点。在教学时，老师向学生描述了一个活泼可爱、总是忙于搬家的小数点形象。请学生帮助小数点搬家，并描述小数点搬家前与搬家后数的变化。学生不再觉得小数点仅仅是一个点，而是把它看作一个有生命的可爱精灵，兴致盎然地将小数点左搬右搬，乐在其中。

2. 喻体要贴近学生的生活环境

俗话说得好："看菜吃饭，量体裁衣。"我们所选的喻体要"因地而宜，因人而异"，要贴近学生的生活环境。例如在教分数的写法时，可以这样比喻：分数线以上称为"分子"，以下称为"分母"，"分子"与"分母"的关系就像是"子"与"母"的关系。"孩子"喜欢骑在"母亲"的肩上。这一生动具体而形象的比喻，不但使枯燥的概念趣味化了，而且使分子、分母的书写位置永远留在了学生的脑海中。再比如，一个语文教师在讲授《只有一个地球》一课时，以美丽易碎的水晶喻我们的地球，这样的比喻形象生动，能让学生感觉到保护地球的迫在眉睫。

如果说，教师一句精辟的话常使学生萦绕于脑际而终生难忘的话，那么教师一个生动的比喻就能使学生抓住知识的关键而茅塞顿开。一个科学家说过：科学的秘密就在于把复杂的东西演变成为若干简单的东西去做。老师若能恰当地用好比喻，把复杂的课上得简单，那实在是一种智慧、一种艺术、一种境界，它绝不是把教学简单化了，而是把教学艺术化了。

第四节　词语搭配标新立异

一般说来，人们说话，须要符合语法和语义常规，词语间的搭配不能随意偏离语言的习惯和规范。但是，有时为了表达特殊的情感和体验，也可以突破言语常规，将词语进行奇异的搭配，从而创造出全新的语句来。例如，高中语文鲁迅的《记念刘和珍君》一课中写道：

我将深味这非人间的浓黑的悲凉；以我的最大哀痛显示于非人间，使它们快意于我的苦痛，就将这作为后死者的菲薄的祭品，奉献于逝者的灵前。

"悲凉"是一种心理上的感觉，是抽象的，没有颜色，"浓黑"则是表示具体事物的色彩的词。两者通常是不能配合使用的。这里以"浓黑"修饰"悲凉"是词语的异配。它表现作者深深体味到的一种特殊情感。他直面执政府屠杀爱国人民的"三·一八惨案"，又听了几个所谓学者文人的什么"没有审判力""自蹈死地"等阴险论调，愤怒到了极点。面对反动统治下的凄惨悲凉的黑暗现实，他感到自己的"悲凉"也是"浓黑的"。这一异配用法，形象地表现了当时现实的黑暗，渲染了阴沉、昏暗的氛围，流露出作者的哀痛之情。

就句子内部相关成分来说，教师可以依据下列几种关系超常规搭配词语。

1. 修饰语和中心语的关系

这是修饰限制与被修饰限制的关系。它们间的超常规搭配是从修辞效果考虑所作的安排。例如"一股冰冷的记忆""甜蜜的事业""又一阵残暴的脚步声，震动着魔窟，渐渐近了，就在窗前经过"。

这里用触觉形象"冰冷"来形容思维形象"记忆";用味觉形象"甜蜜"来形容"事业";用感觉形象"残暴"来形容听觉形象"脚步声"。它们都能使人产生联想:"冰凉的记忆"使人畏缩、发抖;"甜蜜的事业"使人兴奋、愉悦、向往;"残暴的脚步声"使人产生压抑和恐惧感。这种超常规搭配,让各种感觉形象(视觉、嗅觉、听觉、触觉等)相互结合,以展示事物的各个侧面,可使形象更鲜明、更生动、更丰富、更具有感染力,从而加深听者的印象,增加表达的广度与深度,收到理想的表达效果,由于超常规的词语搭配有这样的作用,因而我们所使用的一些词语,如:"政治舞台""改革浪潮""历史舞台"等也就随之产生了。

有一位教师在讲授《背影》一课时,说了以下这些话:

"等他的背影混入来来往往的人里,再找不着了,我便进来坐下,我的眼泪又来了。"此时,作者已经抑制不住情感的潮水,它犹如奔腾而来的山洪,一发不可收拾……

"情感的潮水"即是修饰语和中心语的异配,表现了"情感"之丰富。

2. 主谓间的关系

这是陈述与被陈述的关系。主谓间的超常规搭配是为修饰效果考虑而特意安排的。如:哈达般纯洁的爱情淌进我干渴的心田。

这里的"淌"意为"流","爱情"怎么会"流"呢?这主要不是直取"流"的意思,而取"流"的样子,用以说明爱情来得"自然""适时""从容不迫"。因而身心的感受是舒畅、愉快的。

以下是两例《春》的教学实录:

第一例:一开始就写它的旺盛的生命力——钻出来!很强的生命力,从泥土里钻出来。这个词用得非常好!春回大地啊,人盼望着春天,草呢?(生:也盼望着春天)也盼望着春天。

第二例：他写的这篇文章哟，很清新，就好像小河里的水流淌下来一样！这些词句都从他的笔端流淌出来，我们要好好学习，怎么样抓住景物的特点来写。

这两例都是主语和谓语动词的异配。第一例说"草""盼望着春天"是用写人的词语去写"草"，将草人格化了，生动地表现出春天的美好。第二例说"词句""从笔端流淌出来"则是以写溪水的词语去行文，为拟物的用法。形象地表现出《春》这篇文章清新自然的风格特点。

3. 动宾间的关系

这是支配与被支配的关系。动宾间词语的超常规搭配是为表达效果考虑而特意安排的。如：船过处，撒下愉快的小调。

"撒"的宾语一般是能够触摸到的事物，如"撒种""撒网"等。"小调"能听到，但无法触摸到。然而这里却用一个"撒"字，使"小调"变得具体可摸了，而且还有"散布"开去，波及范围广的意味。

实际上，这种超常规搭配除了具有增强生动性的作用外，其中还存在着合理的部分。如"撒"具有"撒播"或"传播"的含义，小调也可以"传播得远，在空中萦回缭绕"，这就是"撒小调"搭配上的合理因素。

因此，运用词语的超常规搭配不可超出合理范围。如果这种搭配没有合理的部分，即不能增强表达效果，也应视为语法上的搭配不当。

在具体的言语活动中，词语的常配和异配也经常结合运用。例如，一位中学物理老师讲楞次定律时说：

线圈有双重性格：既多情又冷酷。当磁极来时，线圈近端产生同性磁极，排斥原磁极，抗拒磁极接近，显得冷酷无情。但磁极走时，近端又产生异性磁极，吸引原磁极，挽留磁极不离去，显得多情好客。

这段话在词语的运用上非常有特色。首先，"线圈"与"双重性格""多情""冷酷"等词语是超常搭配,属词语的异配用法,这位老师赋予"线圈"以人的思想感情,把它人格化了。其次,还运用了多种常配手段,如"多情"和"冷酷","来"和"走","同性磁极"和"异性磁极","接近"和"离去","排斥"和"吸引","抗拒"和"挽留","冷酷无情"和"多情好客"等是反义词语的匹配。"排斥"和"抗拒","冷酷"和"无情","吸引"和"挽留","多情"和"好客"等是同义词语的匹配。"多情"与"无情","同性"和"异性"等是同素词语的匹配。多种方法的配合运用,使整段话语富有极强的艺术表现力。

第五节　会说不等于乱说

唐朝诗人贾岛曾为一句"僧推月下门"还是"僧敲月下门"苦苦"推敲"了三年，终有"佳句三年得，一吟双泪流"的感慨。我们当然用不着为一个词语去推敲三年，但作为教师，还是必须注意在日常口语表达中对词语的选择，绝不能口不择言，随意而说。

教师在口语表达的过程中，必须善于把握词语的个性，根据表达的需要从自己的词汇仓库中选择出合适的词语并把它用到最适当的位置上去。

词语的选择，首先必须考虑与特定的题旨相适应，即以特定的词语形式准确地表达特定的思想内容，做到就意遣词，词到意到。请看钱梦龙老师上《变色龙》一课的教学实录：

师：……那奥楚蔑洛夫是怎样很快适应这个变化的？你们圈了哪些句子？

生："整个脸上洋溢着含笑的温情"，说明奥楚蔑洛夫表现出的丑态。

师："丑态"这个词用得好，如果改换"媚态"，就更能把这条看门狗摇尾乞怜的丑态表露无遗了，媚态，也是丑态。作者用"整个脸上洋溢着含笑的温情"这些词语来刻画奥楚蔑洛夫的神态确实能达到如见其人的效果。

钱老师选用"媚态"一词来替换学生说的"丑态"，旨在更加准确地表现奥楚蔑洛夫这条看门狗摇尾乞怜、令人作呕的丑恶形象。

那么，除此以外，教师还能从哪些方面来注意不乱说话呢？

一般来说，教师用语应该遵循以下几个原则：

1. 条理清楚

条理清楚是教学语言的整体组织要求，东拉西扯、杂乱无序、颠三倒四、语无伦次的讲授，要想使学生获得清晰的印象是不可能的。这就要求教师应根据教学的目的要求，有条理有层次地讲述分析；根据材料的内在联系和逻辑关系，妥善解决教学的主次、先后问题。讲得有条理、有逻辑，才会使学生获得系统而清晰的概念，而不至于毫无头绪，不得要领。

2. 简练准确

简练准确是教学语言的单一结构要求。言简意赅，使人深得要领。简明扼要的语句，使人听起来舒服、好记。重复啰唆、拖泥带水的讲话，不仅浪费时间，而且使学生厌烦，无效果。这就要求教师做到语法规范，不说半截话；用词恰当准确，不用模棱两可、含混不清的语句；避免一切无意义的口头语，克服语病；还要讲好普通话，如果发音不准，表达不规范，也会影响教学效果。

3. 富于启发

富于启发是教学语言的最高要求。教师不仅要善于把知识传授给学生，更重要的是要注意启发学生，重视发展学生智力、培养能力。

如何富于启发性呢？

首先是中肯。中肯的语言是指说话说到点子上、学生的心坎上。学生最渴望解决的问题，最想知道的事情，你说中了，讲到了，因而能引起学生的兴趣和思考。

其次是含蓄。就是说话时不要把情意完全表达出来，不要道破"天机"。故意造成悬念，语言用得委婉，耐人寻味，让学生有回味和思考的余地，才能发展学生的智力。但含蓄并不等于深奥，深奥的语言使学生思而不得其解，含蓄的语言使学生"思而得之"。

第三是诱发。教师讲话应该勾起学生的求知欲望，如果你的讲话像磁石一样，使学生觉得听你的讲话是一种美的享受。你能想方设法"钓"学生的求知欲望，善卖关子，创设矛盾，引导学生寻根问底，诱发学生的学习积极性，那你的教学一定是成功的教学。

最后是鼓励。鼓励就是借助教师的语言外力去激发学生学习和思考，使学生跃跃欲试，建立自信。鼓励性语言具有感情色彩，铿锵有力，且观点鲜明，态度坚决，给学生指明方向。

4. 通俗浅白

通俗浅白的语言，使人听了清楚易懂，有平易、朴素、亲切之感。要做到通俗浅白，一是要深入了解教学内容。因为，深入才能浅出，只有懂透了，融会贯通了，才能用浅显易懂的话说出来。二是要有丰富的词汇量。没有一定的词汇量，要把复杂的内容，用浅白通俗的语言形式，全面而准确地表达出来是难办到的。有的人深入了解了，却"词不达意"，究其原因就是词汇明显缺乏。

5. 生动形象

形象生动的语言给人一种直观感和动感，使人兴趣盎然，并能在记忆中留下深刻印象。那么，怎样才能使语言生动？一是要善于例证，运用典型事例来说明抽象的理论，使抽象的东西具体化。二是运用比喻，使语言生动形象，引起读者联想。三是适当引用格言、名句、成语、典故、诗词、顺口溜、谚语等等，也可使教学生动有趣。

6. 清晰悦耳

语言是用声音来表情达意的。学生听得是否清楚、明白、有趣，与声音的高低、快慢、清晰度和语调有密切的关系。吐字不清，措辞含混，使人模糊；声调尖高，使人听了刺耳；声调低沉，音量太小，使人听起来费力，尤其是那些坐在教室最后面或听力稍差的同学，不仅听不清，而且注意力容易分散。语气的不断变化，不仅能增强讲课的生动性和感染力，而且能作用于学生感官和心灵，使学生获得美的感受，从而增强教学效果。

7. 流利舒畅

讲话流畅，使人有轻快感；讲话慢慢吞吞、结结巴巴，语多累赘，使人听而生厌，不耐烦。但流畅不等于越快越好，如果说话滔滔不绝，如行云流水，就会使学生应接不暇，同样会反感。节奏和重音处理也要恰当。要使课讲得富有节奏感，必须区分好教学的主次，突出重点，重点和难点要重锤敲打，加深印象，枝节问题用轻拍轻击，点到为止。语调上要轻重结合，高低错落有致，富于变化，不能平铺直叙或主次不分，使学生听起来平淡无味。

8. 抑扬顿挫

教师讲课要抑扬顿挫。要根据教材的情境和听者情况，适当控制语音和语速。例如，表示激昂慷慨和兴奋愉快，可以把声音放大一点、高一点；表示庄严肃穆和悲哀感叹，声音要小一些、低一些；表示宁静要慢；表示紧张要快；重要的地方要加重语气，以引起重视。但抑扬顿挫不能矫揉造作，不能给学生留下表演的痕迹。正确运用停顿，既能保证说话清楚，又能加深印象。在停顿上，教师要克服两种毛病：一种是不停顿，讲课像打机关枪一样，让学生听得喘不过气来，使学生既不好领会意思，又容易疲劳；另一种是乱停顿，该不该停顿都停顿，或者该停顿处不停顿，不该停顿的又停顿，其结果，把要说的话和要表达的意思搞得支离破碎，不利于学生对教学内容的理解。

中 篇

对话需注意的问题

第五章　赞美有方法

列夫·托尔斯泰说："赞美不但对人的感情，而且对人的理智也起着很大的作用。"学生喜欢听到赞美，这使他们的信心增强，学习更有动力。但是并不是所有的赞美都具有积极意义，只有让学生在赞美中获得积极的自我认定，赞美才是有价值的。

第一节 欣赏而非评判

欣赏式赞美是描述性的，只是赞扬学生的努力，工作和成果，学生在这种真实的被欣赏中获得积极性的自我认定，以提升学生的自尊和自我形象；而评价式赞美则是对学生品性的评判，学生容易滋生依赖或不安，甚至失去尝试的勇气。

"你是个好男孩""你做得很好""保持良好的表现"。这种评价式的赞美应该避免。为什么呢？因为这种话不但没有好处，还会引起焦虑、养成依赖和唤起防卫。而且这种话并不能培养自立、自主和自制。事实上，这三种特质必须在不受外来的评断之下养成，需要依靠内在的动力和判断。一个人如果想做真正的自己就必须不受制于评价式的赞美。赞美可以让中小学生获得短暂的舒畅，可是却会造成依赖性。别人成为他寻求赞许的来源。他依赖别人平息自己的渴望和建立价值观。别人不得不时刻赞美他。

那么，老师怎样才能做到赞美时只是欣赏而非评判呢？

1. 肯定的评价可能带着否定的内涵

评判式的赞美可能引起焦虑、拉长人际距离、紧缩沟通渠道，甚至终止人际关系。

下面是一个老师不恰当赞美学生的实例：

小雅丢了5元钱，12岁的李平找到后交给老师。老师说："你是个非常诚实的男孩，我以你为荣。"李平脸红了。老师的赞美使他难过，因为李平有过不诚信的行为。当老师称赞他诚实时，他陷入焦虑。他想："老师如果知道我以前……"

李平就此退缩到自己的天地，怕跟老师打交道。他告诉自己："我不能让老师知道我的底细，否则他不会以我为荣，反而会以我为耻。"

李平的老师当初如果使用感激性的赞美，就可能收到有益的功效。他应该说："李平，多谢你找到钱。你让小雅安心了。"这样讲，李平才可能高兴。

因此，赞美时，要称赞特定的行为表现，不要评论品性。

2. 要避免在学生的品性上附加形容词

有位年轻老师想鼓励学生作抽象性思考，她指着苹果问洋洋："它属于哪一类？"洋洋答不出来，羞得脸红。老师转向小丽，小丽马上回答："苹果属于水果类。"老师称赞说："好女孩，你是个好女孩。"

老师继续上课，没有察觉自己给洋洋造成了伤害。因为，假如小丽答对被称为"好女孩"，那洋洋不会回答岂不是该被称为"坏女孩"？

要知道，人们不会因为知道一件事就成为好人，也不会因为不懂而变成坏人。有人学识渊博却是个恶棍，有知识不见得就是好人，缺乏知识也就不见得是坏人。

老师本来可以把正确答案直接告诉洋洋，或者只肯定小丽的答案正确（"苹果确实属于水果类"），根本用不着赞美个人。

所以，教师在赞美学生时，一定要注意避免在学生的品性上附加形容词。

3. 不需要对行为作评价式赞美

在某小学二年级的自习课堂上发生过如下一幕：

学生们安静地在上自习，每个人都很乖。老师很满意学生们的表现，认为他们值得表扬，所以老师对学生们说："哎呀，你们今天每个人都很棒。"

可是没过多久，学生们便开始"捣鬼"了。有的和同学交头接耳，兴奋地议论着什么；有的将零食偷偷塞进嘴里……

老师感到非常吃惊，因为刚刚，他还由衷地赞美了学生们，他苦恼地问："难道赞美对学生们起不了半点儿作用？"

当孩子们觉得自己并不值得赞美时，便会用出轨的行为向成人摊牌。在自习室中学习的孩子们并不承认自己是天使，当他们觉得被冠上错误的形象时，他们不得不修正。他们迅速地打破了老师的幻想。

另一个老师在类似的场合说："很高兴同学们能够自觉、安静地上自习。"孩子们微笑着。这位老师不对学生作评判式的赞美，只是表达自己的愉快和感激之情。孩子们会下结论，认为他们受到欢迎与重视。

因此，不需要对行为作评价式的赞美。它可能意味着：因为我们预期的是坏行为，所以才会对"好"行为感到惊讶。学生通常会随着我们的隐藏的期待而行动。

4. 学生需要感激式的赞美

赞美是自抬身价。赞美者以评审员自居，登上评审宝座，声称自己有特殊的能力。有位年轻老师向一位资深同事表达自己的想法，却被泼一盆冷水："小姐，你的想法不错嘛！"这句话显然在说："你算老几？"评价式的赞美把人置于"较低的地位"。因此，小孩子赞美老师被视为不敬（"老师，你表现得很好、你是第一流的。我以你为荣，继续好好干吧！"）。

假如我们遇见毕加索，我们不会对他说："您是伟大的画家，您画得真好。"我们也不会对钢琴大师柏恩斯坦说："柏先生，您是伟大的音乐家，是佼佼者之一。"因为我们可以察觉这样的评价式赞美不但傲慢而且粗俗。我们不敢以评审员自居。我们也许会说："毕加索先生，感谢您。您的大作使我生命丰富。""柏恩斯坦先生，谢谢您的演奏。您那曲《西城故事》带给我许多快乐，而那首《耶利米交响曲》十分扣人心弦。"学生也值得这样的礼遇，他们也需要感激性的赞美，而不是比较式或评价式的赞美。

评价式的赞美经常让人觉得像恐吓，它带来的是不安而非欢乐、惶恐而非愉悦。在评价式赞美的压力下，学生通常局促不安，变得有防卫心与不可捉摸。他们觉得这种赞美的用意是在改变他们。他们讨厌这种企图，也拒绝被人操纵。

12岁的李明对靶掷镖，正好掷中红心。体育老师说："很棒！你有敏锐的眼力，你是个神射手。"李明默然离开操场。老师吃了一惊，他原本想鼓励李明，没想到赞美显然令他颓丧，老师百思不解。

李明被称赞后自忖："老师以后都会期望我射中红心。我又不是神射手，上回得分只是侥幸。假如再试一次，我可能连靶都击不中，更别提射中红心。我最好趁胜离开。"

什么样的赞美才会诱导李明继续努力？答案是：舍弃评价式的赞美而改用描述性的赞美。老师可以说："你的飞镖正中红心。"李明内心会想："老师没有期望我每次都掷中红心。我大可安心再试。"假如李明下次没有射中红心，老师可以批评他掷得太右、太左、太上或太下。这种针对实况提出的客观批评可能引起李明学习改进。不过，最重要的是，让李明知道，老师对他个人的态度并不依投得好或坏而定。反之，假如老师的评语是评价式的（"你很好、你很棒、你是个专家。"），那么当学生没射中时，就可能对自己说："我不好、我差劲、我是个失败者。"

老师若想和中小学生建立友谊，成为他们的好朋友。那么必须记住赞美时非评判而是欣赏。

第二节　避免陈词滥调

当学生们表现很好时，不要只是说："很好。"赞美要具体一些，说出细节，指出有哪些地方让人印象深刻，或是比上次表现更好，例如："你今天有主动跟校门卫伯伯说早安，真的很有礼貌。"不过，赞美时也要注意，不要养成学生们错误的期待。有些老师会用文具等奖赏学生，让学生把重点都放在可以获得哪些报酬上，而不是良好的行为上。老师一旦放弃陈词滥调，就会培养出生动而有力的言语，以表达感激和肯定。

下面是一些老师亲自实践的具有创意的赞美实例。

1. 动人的情节

15 岁的何国珍写了一出戏。老师写给她一张字条详尽地赞美她说："剧中的对白用词洗练而有力；剧情动人，布局周详且流畅。整出戏的铺排让剧中人物自定价值标准，然后用以衡量自己。我很欣赏。"何国珍欣喜若狂，因为老师的赞词不仅肯定她的天分，也鼓舞她力求独立。

2. 准会员

15 岁的兰溪写了一首文情并茂的诗。老师的评语是："兰溪，你有资格加入国际文艺协会。"兰溪问："那是个什么样的组织？"老师回答："这个协会由诗人、散文家和小说家组成。"兰溪微笑，她觉得受到鼓励，并且打算朝这个目标努力。

3. 电影脚本

王宇写了一篇小说。老师大力褒扬，评语如下："我喜欢这个故事。它有风光绮丽的背景和婉转曲折的情节。你的铺陈方式宛如电影脚本，每个场景都获得精准的呈现。"王宇获得鼓励，跃跃欲试，想再写另一篇小说。

4．会教育的手

一位老师鼓励学生有一手，她悄悄走近学习稍差的学生，美丽的眼睛深情地注视着他做作业。这位学生受宠若惊："老师，您看着我，我作业都做对了！以后您常看着我啊！"教育原来可以是无声的，一颦一笑都是教育。心教重于言教，情商重于智商。这位老师经常微笑着摸摸孩子的头，她的手也会教育，会鼓励。

5．专有名词

小明雅为自己的专集写了一系列的乡土歌曲。音乐老师想增进他的文学素养就用专有名词称赞说："你的歌使我想起'哥利亚德'的音乐。"

小明雅问："哥利亚德？他是谁？""我们来查一下百科全书。"老师建议。

小明雅迫不及待地翻阅百科全书，他发现哥利亚德是个流浪诗人、游荡的学者，也是个云游四海的修道士——即13世纪的嬉皮士。

6．园艺天才

于思奇喜欢在校园里工作，尤其钟爱培养花卉。老师称赞他说："于思奇，你具备'托匹埃立'式的天才。"

"托匹埃立？托匹埃立是什么意思？"于思奇问。"你不妨查一下资料。"老师说。

于思奇愉快地发现自己的才华是"一种古老艺术，把花木修剪成几何或动物的形状"。

7．影剧新秀

13岁的小涵在班级话剧中担任主角。老师写了张字条赞美她："影剧新秀，你好！很高兴观赏你的表演，我觉得你饰演的角色非常有趣，我忍不住捧腹大笑。"

教育家夸美纽斯曾说:"应该用一切可能的方式把孩子们的求知与求学欲望激发起来。"《教育学》告诉我们,学生需要教师的赞美,赞美是师爱的表现,是对学生的积极的肯定。教师只有细心地捕捉学生瞬间闪现的火花,才会表达出恰如其分、内涵深刻的赞美之情,从而避免陈词滥调的出现。

在教育教学中,教师往往有两种偏差,一种是从不赞美学生,另一种是滥用赞美语言。

针对第一种,教师应该彻底更新观念,去鼓励、赞美学生,这是一种行之有效的教育方法,教师只要发现了学生身上的潜质和优势,就要不失时机地赞美、鼓励,孩子们大都需要热情的鼓励和教师的肯定,赞美、表扬不仅激发了学生强烈的求知欲望,激发了他们的学习兴趣,而且也给他们的学习带来了动力,使其有了一种很强的积极性,从而产生了某种肯定的积极的情感体验。

而另一种则应转变"所有的赞美都有教育价值,都有点石成金之效"的观点,其实赞美、表扬并非对所有学生都能产生震撼。教师要学会赞美学生,还要具备赞美的技巧,避免陈词滥调,寻找有创意的赞美。

第三节　学会用文雅的措辞

用文雅的措辞赞美学生，不仅会使学生对老师生出敬佩之情，也会很好地起到教育学生的目的。

下面的赞美感言，措辞特别文雅，这些老师所使用的文字通常是些罕见的生字，不过，他们确信每位学生都看得懂这些赞美词的含义。

"你的故事蕴藏锐利的眼光，透露人们为了追求宽裕的生活而置身于竞争中。"

"你的散文像画一样栩栩如生，把人物描述得真实可信。阅读这么活灵活现、历历在目的情节是件愉快的事。"

"你的笔法完全符合散文的清丽风格，文字温和而有力，表达出痛苦和希望。"

"你所创作的歌曲简朴而慑人，感触深沉且质地优雅。"

"你所叙述的人物和背景宛如照相机拍出的彩色照片：精确、鲜明、又详尽。"

"我注意到你的作文有精湛的技巧、功力和准确度。"

"你的诗唤起震撼的力量，是一首触感敏锐的作品，值得一读。"

"你的报道带着渊博的知识根底。读者难以忽略文中讯息的重要性。"

"你所写的故事反映出人们的生活情况。你刻意彰显黑暗面。"

"神秘谋杀小说的精品。那慑人的气氛和四伏的危机使我从头到尾兴趣不减。"

某初中的班主任老师鼓励、赞美学生采用了激昂的语调、文雅的

措辞。月考进步的学生名单都上了"光荣榜"。学生名单后附有"班主任寄语",各有特色,现分录于下:

701班王全良老师言简意赅:"改进学习方法,多做数学题,背、记英语单词,听老师的话,争做701班的优秀学生。坚持创造奇迹!"

702班张江旺老师:"你们努力了,你们就有了进步;你们付出了,也就有了收获。愿你们在学习中不断进步,愿你们在成长中不断充实自己,愿欢声笑语永远伴随你们精彩的人生。"

703班张阳波老师:"同学们在本次月考中取得了优异成绩,老师衷心地祝贺你们。寒风吹雪、冰封江河,我奋起之志不移;烈火焚烧、焰灼大地,我拼搏之势不减。同学们,天道酬勤,勤能补拙。我们一定要鼓足干劲,力争上游。老师相信你们一定能够乘风破浪。"

801班虞兴宇老师:"同学们,今天我们共同见证了你们的这次成功。你们的进步让父母骄傲,你们的进步令老师欣慰,你们的进步使同学们振奋!或许你们只是前进了一小步,但这也许将会成为你们人生中的一大步。我坚信,只要你们继续努力,这块张贴板上将会一直拥有你们的一片天地。'不积跬步,无以至千里;不积小流,无以成江海。'同学们,你们的父母和老师们正殷殷期待着你们更大的进步!"

802班张灿华老师:"亲爱的同学们:你们的努力取得了阶段性的胜利,你们的进步增添了自我的信心,你们的进步带动我班整体的进步,你们的进步势必鼓舞我班的斗志,期待你们更大的进步!"

803班沈春泉老师:"进步是春天的和风,吹开梦想的起点;进步是黑夜里的北极星,指引梦想的方向;进步是东升的旭日,照亮梦想的旅途。看到你们的进步,想起你们为进步付出的努力,我不由对你们肃然起敬!你们是好样的,你们是803班的榜样!前方或许是阳光灿烂,或许仍有风雨阴霾,只要不停下追求的脚步,803班的每一个同学一定能叩开梦想之城!"

这些鼓励和赞美各有千秋，但读来都朗朗上口，使人如沐春风，使人顿生前进的勇气和力量。

总而言之，用文雅的措辞作叙述式的赞美能激发学生的思考和推论，所留下的涟漪会唤起回响和归纳出结论，使学生知道自己是对的。这样的赞美会牢牢地留在孩子的记忆里，强化他的自尊和自我形象。

第四节 "及时雨"的重要性

在日常生活中，赞美是人人都需要得到的。若发现孩子有值得赞美的行为时，要把握时机给予其赞美，不管用语言、肢体、眼神、动作、表情还是评语，只要是真心诚意的赞美，孩子必然感受深刻。

一个小镇上，有一位老实的送货员经常送货到一家百货店，不论是晴天还是雨天，只要拨一通电话，就立刻送到。直到有一天送货人换了一个小女孩，老板就很奇怪地问道："小妹妹，以前送货的那位老先生怎么没有来呢？"小女孩告诉老板说："他是我的爷爷，已在一个星期前去世了。"只瞧见那老板又惊讶又感叹地说："他真是一个好人啊，我要感谢他。而这句话一直放在我心中很久了，我很后悔一直没有告诉他。"小女孩望着老板的脸又说："我爷爷要是早知道有人这么称赞他、感谢他，那就太好了。"

从这次事件以后，老板总是不忘对一些人进行适度谢意的表达。虽然只是短短一句，但表达自己心中的感谢话语，犹如一滴香水洒出，使香气四溢，弥漫了整个屋子，给所有人都带来了祥和气氛。

通过以上一个故事，我们知道，赞美必须及时，对于大人来说尚且如此，就更不用说孩子们了。一个学生，哪怕是班上学习最差、行为规范最差的学生，身上也一定有他的闪光点。只要细心观察就会发现，调皮学生的闪光点是聪明；上课爱说话的学生的闪光点是活泼好动；老实学生的闪光点是能谦让等等。教师应抓住他们的闪光点作为教育的切入点，通过对学生的赞美进行情感投资，打开学生心灵的闸门，教育自然得心应手。

作为成长中的个体，学生身上有不良习惯和弱点是难免的，然而对于学生的种种问题，当老师们感到束手无策时，往往会采用批评的方法，结果情况越来越糟。如果适时地采取赞美的方法，以平常心去看待他们的每一个长处，肯定他们的每一次进步，自然而然就会发现学生的每个闪光点，欣赏他们的价值，从而树立起学生的自信心和自豪感。

平时表扬学生，我们常常对学生进行横向比较，用甲学生之长去比乙学生之短，这样使能力强的学生得到更多的表扬，能力弱的孩子长期得不到赏识。能力强的学生在表扬声中长大，不知不觉滋生了优越感，长此以往，便批评不得，也见不得别人比他强，输给别人后便大动肝火。表扬学生应纵向化，给每位学生树立一杆标尺：用他的今天同他的昨天比，着重表扬学生的"进步点"。这样，学生从中学会正确地评价自己，促使自己不断努力。

孩子生活中每一个微小的进步都要及时给予赞美。特别是对于平时表现稍差的学生来说，表扬越是及时，越有利于他们克服缺点，争取进步。比如孩子今天书包整理得很好，教室打扫得非常干净，能帮其他同学解决困难……都要立即给予表扬，肯定进步。这样会让学生认为老师时时刻刻都在关注着他。如果学生认识到只有他表现得很好，才能引起老师对他的注意，他们就会尽量表现得更好，以得到老师更多的表扬。

善意的、及时的赞美实际上是一种投入少收益大的感情投资，是一种驱使人奋发向上、锐意进取的动力源泉。学生长期生活在和谐、温暖、相互信任、相互赞美的氛围中，就能养成积极向上的健康心理，就能以积极主动的态度去学习新知识、探索新方法、研究新问题。这样，不仅能使课堂充满生命活力，而且使学生的人生旅途充满着掌声和笑声、充满着决心和信心。

有人说："不是聪明的学生常受表扬，而是表扬会使学生更聪明。"的确，教师及时而适度地表扬学生，往往是促进他们转变和前进的催化剂。学生都渴望得到表扬。在受到表扬时，他们的神经活动会加快，思维会变得更加灵敏，做事的效率也会提高。

一名优秀的教师应该善于细心观察，对于学生的点滴进步和微小的成绩都要及时、热情地给予肯定，使他们产生一种愉悦感。当教师把微笑洒向学生，把表扬送给学生时，也会惊喜地发现，自己的学生变得越来越懂事，越来越自信，越来越能干了。

教师及时准确地赞美学生，可以让他们相信"我能行"，可以促进学生的发展，可以调动所有学生的情绪。及时地赞美学生是一种很有效的教育方法，因此要随时注意学生成长过程中的每一点细小的进步，对每一个进步，都要立即表扬，给予肯定，满足学生的心理需要，而不能对学生的微小进步视而不见，否则会打消学生的积极性，不利于他们的成长；老师还应该赞美学生在生活琐事上表现出来的好行为，挖掘学生各方面的优点。

教师给予学生及时准确的赞美，不仅会使他们在赞美中感受到来自教师的关心和厚爱，也能够及时调动他们的积极性。学生们在愉快的心情和状态下，会激发出内心最大的潜能，并会从心里对教师生出一份信赖和亲近感，师生之间的和谐关系与深厚情谊便也自然而然地建立起来了。

因此，作为老师，应该及时准确地表扬学生，促进学生的发展。为学生们下一场"赞美的及时雨"，你准备好了吗？

第五节 赞美的技巧

赞美如煲汤，火候很重要。

赞美别人时如不审时度势，不掌握一定的技巧，即使你是真诚的，也可能会变好事为坏事。就像煲汤，如果火候掌握得不好，那么再好的原材料也不会煲出味道鲜美的汤。只有火候掌握得好，赞美才会散发出最浓郁的香味。

一次，在镇压太平军的行营中，曾国藩用完晚饭后与几位幕僚闲谈，评论当今英雄。他说："彭玉麟、李鸿章都是大才，为我所不及。我可自许者，只是生平不好诳耳。"一个幕僚说："各有所长。彭公威猛，人不敢欺；李公精敏，人不能欺。"说到这里，他说不下去了。

曾国藩问："你们以为怎么样？"

众人皆低首沉思，忽然走出一个管抄写的后生来，插话道："曾帅仁德，人不忍欺。"人人听了齐拍手。

曾国藩十分得意地说："不敢当，不敢当。"后生告退后，曾问："此是何人？"幕僚告诉他："此人是扬州人，入过学，秀才，家贫，为人还谨慎。"

曾国藩听后就说："此人有大才，不可埋没。"不久，曾国藩升任两江总督，就派这位后生去扬州任盐运使了。

赞美学生，掌握尺度是最关键的。在你开口赞美学生的时候，一定要遵循以下法则：

1. 真心诚意地赞美

每个人都珍视真心诚意，它是人际交往中最重要的原则。

2. 讲究场合，合乎时宜

赞美的效果在于见机行事、适可而止。当学生们计划做一件有意义的事时，开头的赞扬能激励他下决心做出成绩，中间的赞扬有益于再接再厉，结尾的赞扬则可以肯定成绩，指出进一步的努力方向，从而达到"赞扬一个，激励一批"的效果。

3. 赞美的话不能千篇一律，要有特点

人的素质有高低之分，年龄有长幼之别，因人而异、突出个性、有特点的赞美比一般化的赞美能收到更好的效果。

4. 赞美一个人的行为或贡献比赞美他本人好

当你赞美一名学生的行为或贡献时，你的赞许更显得真诚，而且，如果别人知道他的确值得被赞美，会获得最好的效果。赞美行为比赞美本人更可以避免功利主义或偏见。

5. 赞美要翔实具体

在日常学习生活中，学生们有非常显著成绩的时候并不多见。因此，赞美应从具体的事件入手，应当善于发现学生哪怕是最微小的长处，并不失时机地予以赞美。赞美用语越翔实具体，说明你对学生越了解，对他的长处和成绩也就越看重。

6. 赞美学生不为人知的优点

每个学生都会有一两处值得赞美的优点。例如某个学生或许没有什么优点，但打篮球的技术却很高明，或者歌唱得很好，这些都可以加以利用。虽然有的学生很在意自己的这些小优点，也有的学生根本就不在意，但无论如何，老师赞美他，一定会使他感到高兴的。

事实上，有时锦上添花式的赞美，引不起学生太大的喜悦。例如对一位已被公认是学习很好的女孩子说："你的成绩真棒！"由于她平时已被夸赞惯了，所以很难让她觉得兴奋。相反，若能找出学生不为人所知的优点，则往往可以使其感到意外的喜悦，甚至带来意想不到

的结果。

有一家商店生意非常兴隆，原因就在于他们店里的每一位店员都会不断地与购物的人聊天。他们除了会向客人打招呼之外，还不断地找客人的优点来夸赞。例如他们会向一位太太表示："你这件礼服很漂亮。"然后向另一位太太表示："你的发型很好看。"他们虽然不断地赞美别人，但却是按每一个客人的不同的个性，选择适当的赞美词。

很自然地，这些客人在潜意识中，就会产生到这家商店购物的欲望，而且越来越喜欢这家店。

学生们更需要这种赞美。如果学生经常被老师夸赞，自然而然地会想再见到这位赞美他们的人，这是任何人都会有的心理。因此，每次见面都找出学生的一个优点来赞美，可以很快地拉近师生间的距离，起到意想不到的效果。

一家小小的理发室有两个师傅负责设计发型，一个小学徒专门负责洗头。老实说，很多人都同情那个瘦小的学徒，看得出她很想学发型设计，但由于工作繁杂，加上两位师傅态度冷淡，她只能默默地在肥皂泡沫中消磨她可怜的青春。

有一天，机会来了。新年前的一个月，两个师傅要求加薪不遂，一起辞职，一时请不到人，老板除了亲自上阵外，还给小学徒进行了"速成训练"，另外再请个小工负责洗头。

来理发的人把这一切看在眼里。一日，有人踏入店内，特地指定小学徒来吹头发，小学徒受宠若惊，拿着吹风机的手在微微发抖。卷吹梳弄一小时后，朝镜一望，哎呀，那发型硬邦邦的，好似戴了一顶不合时宜的帽子，小学徒侍立一旁，眼巴巴地望着来理发的人，来理发的人却露了个笑容，说："我感觉真不错呀，谢谢你！"

这个"善意的谎言"给这位少女带来了自信心。再去时，来理发的人依然指定由她服务，小学徒脸上有笑，双手不抖，卷弄梳理，极有韵致。照向镜子时,来理发的人不由得真心实意地说道:"你吹得实在很好哩!"

小学徒脸若鲜花,粲然生辉。

虽然只是一句话,可在被赞美者的心里却形成了一种很大的力量,她会重新鼓起自己生活的勇气,她会因为这句赞美之词变得更加自信、完美和坚强。

一位年轻母亲曾讲过一个令人心痛的故事:她的孩子常常因做错事而受到她的责备。但是,有一天,孩子一点儿错事都没有做。到了晚上,她把孩子放在床上,盖好被子,只见孩子正把头埋在枕头上,在抽泣中问道:"难道今天我没有做一个好孩子吗?"

"这一问就像电一样触动着我的全身,"年轻的母亲说,"当孩子做了错事时,我总不放过纠正她,但当她极力往好处做时我却没有注意到,我把她放在床上时,连一句赞美的话都没有。"年轻的母亲懊悔不已,从那以后她开始学会赞美她的孩子了。

老师们,请不要吝惜你的赞美,给予你爱的学生们毫无修饰的赞美,你会发现他们会比从前更爱你。正所谓"送人玫瑰,手留余香"。

只要你掌握了赞美的技巧,注意需要注意的问题,那么赞美就会成为你与学生们对话的最好方式!

第六章　批评需得当

出自于《史记》中的"良药苦口利于病，忠言逆耳利于行"一句被许多教师铭记，的确，适当的批评有助于学生改掉不良学习习惯。但是，有的老师常以提高嗓门来遏止喧嚷；以痛骂来禁止学生讲脏话……这是不恰当的批评方式。聪明的老师应该用充满智慧的办法取代这些批评方式。

第一节　批评的变通办法

批评和惩罚教育是一门艺术，是一把双刃剑。作为教师，必须对批评教育有正确的认识，要向陶行知、魏书生等教育家学习，用无私的爱心、科学的态度在自己的教育教学实践中不断探索，寻找到更多、更巧妙的批评教育的变通办法，使每个学生都能得到健康、全面、和谐的发展。

有位老师要在少年管教所上第一堂课。他十分忧虑，因为成败系于这次的首度接触。当他快步走向讲台时却摔了一跤，绊倒在地。全班爆笑不已。老师慢条斯理地站起来，挺身而说："这是我给你们上的第一课。一个人可以跌得鼻青脸肿后，再站起来。"沉默片刻后，掌声响起，学生们接受了老师的教诲。

这位老师是个真正的管教人才。他使用智慧的力量去扭转情势。在尴尬的时刻，他没有使用威胁去慑服学生，而是以个人的应变力渡过难关。他的话语触动了学生的心弦，终于化危机为沉思。

施予管教时最重要的是：找到有效的变通办法以取代批评。批评无疑是对学生的挑衅，学生会充满敌意和报复念头，造成他难以管教。愤恨填膺的学生没有时间或心情去念书。所以，管教时应采纳能引发自尊的方法，一定要避免任何会滋生仇恨的管教方式。

一位有经验的老师把最有效的管教态度总结为："我假设学生带着不真实的自我意识来到学校。因此，我能理解他们的自尊心不强是理所当然的事。我十分谨慎地对待学生。明白自己的言辞会触及学生的内心感受，也小心避免伤害到他们的自尊与自重。"

上课铃声响起，小学二年级（3）班的同学在值日生的口令下整齐而安静地站立在老师面前，可是，大伟同学和小林同学却在为地上的一个纸团争执不休。大伟将脚边的纸团踢给小林，说："你的！"小林也迅速将纸团踢回给大伟，说："你的！"大伟再将纸团踢给小林，说："你的！"小林继续踢回纸团，坚持说："你的！"……全班同学都看着他们俩。老师没有动怒，只是平静地说："这个纸团算我的。不知你们俩谁愿意帮我把纸团捡起来，放到讲台上？"大伟和小林都愣住了，片刻，小林抢先把纸团捡起来放在老师的讲台上，大伟脸上流露出遗憾的神情。老师对大伟说："下课后，老师请你帮忙把纸团扔到垃圾桶里，你愿意吗？"大伟满意地点点头。老师又面向全班同学说："谢谢大家！你们能安静地等待大伟和小林解决他们的问题，表现得非常有耐心，有礼貌！"老师又转向大伟和小林："如果你们的问题能够在下课时解决，就不会占用大家的时间了，是吗？"

这位老师用平静替代了恼怒，用宽容替代了责骂，同时又极富建设性地引导了孩子们的行为。这就是智慧的教育，也是有效的教育。

如果教师尝试改变一下与孩子交流的方式，或许他们就会变得"听话"多了，"懂事"多了。一般来说，孩子会喜欢以下的方式：

1. 共情的方式

孩子虽然小，但是他跟成人一样需要理解。因此，表达对他们的理解是非常重要的。以上面"捡纸团"的实例为例，如果教师强制让某个孩子去捡纸团，那么孩子可能会把纸团捡起来，但是肯定对老师非常不满。但是这位老师说："这个纸团算我的。"就瞬间将老师和孩子们的距离拉近，从而化解了争端。

2. 顺势诱导的方式

孩子是最现实的，他只关注他当下正感兴趣的事情，所以如果强行阻止他，他就会很难别过劲儿来。当老师的要求跟孩子的欲望发生冲突的时候，老师可以采取相对柔性的方式顺着他的期望走一走，然后再帮助他转弯。比如喜欢在课堂上说话，导致课堂上纪律很差，这时候强行压制孩子们的声音，可能会达到暂时安静的效果，但很难保持长久。不如干脆就允许他们放开了说一会儿，然后说："说吧说吧，说多了学习成绩就会下降，到时候爸爸妈妈知道了肯定不高兴，没准儿你们梦想得到的玩具就没啦！"

3. 体验自然后果的方式

没有比亲身体验更能说服孩子的了。很多时候，我们把不能做某个事情的道理说得明明白白的了，可孩子还是不听。这时候，过多的说教是毫无意义的，不如干脆停止说教。他想要那么做，没有关系，只要没有危险，让他自己去体验一下这么做的后果好了。

4. 灵活变通的方式

同一件事情，我们常常能找到很多别的方式来变通处理，不一定非要一根筋地坚持到底。换一种方式，孩子一直对抗的行为可能就会被消除，甚至还可能非常痴迷地爱上这种方式。于是，老师和孩子之间，无须"战争"就可以和平度过了。

人际关系是随着时间慢慢累积而成的，不像船只一触礁就沉。在处理日常纪律问题时，老师可能最有建设性，也可能最具毁灭力。他一时的反应就决定了是责骂还是安慰、是怒气还是和平。良好的纪律是经由老师一连串的教导，成功地纠正过无数次的行为以及深入学生的心，然后才产生的。

因此，教师要懂得变通。

第二节　学会防患于未然

学生在成长过程中可能会犯这样或那样的错误，如果教师只是一味地对学生进行批评和责罚，往往会适得其反。想让学生少犯错误，就必须多分析学生犯错误的原因，感知他们成长过程中可能出现的问题，提前采取措施，"预防"学生犯错误，促使他们健康快乐地成长。

如果在一个贪吃的小孩子前面放上他喜欢吃的糖果，并告诉他不许吃，这是用来招待客人的，那么结果会是怎样呢？他很可能会管不住自己，偷吃糖果。既然不希望孩子吃糖果，为什么不放在他看不见的地方呢？这是你在制造孩子犯错的机会。

当学生上课说闲话时，不能一味责怪或批评学生为什么不遵守纪律，不管住自己。学生还是孩子，不可能是具有超强定力、坚强意志的圣人。为何不把上课爱说闲话的学生放在不具备说闲话的环境下，让他失去听众，从而使他在不痛苦却自然的环境下逐渐改掉坏习惯呢？

当学生上课打瞌睡时，很多老师只是一味地埋怨，却不分析为什么学生上课打瞌睡。是老师授课呆板内容枯燥，还是学生前一天睡晚了？如果是老师授课的原因，不妨改变教学方式，使之生动，也可以在学生有些疲乏时，活跃课堂气氛。如果是学生自身的原因，老师不妨和学生谈谈心，建议其调整一下作息时间。如果是家庭原因，老师就应该和家长沟通，搭起学校和家庭教育的桥梁。

对于班主任而言，学生迟到也是一个头疼的问题。从表现上看，迟到似乎是一个不大不小的缺点，即便是一些老师和学生眼中的优等生，也会对迟到采取轻视和不在乎的态度。但是作为一个优秀的班集体，优良的班风和学生自觉维护班级纪律的品质却关系到这个班级的有序、健康发展。因此，老师何不在一学期的开始就采取预防措施呢？首先，从思想上教育学生要重视迟到的不良影响。其次，通过学生的自主参与和集体讨论，分析迟到产生的各种原因，并根据不同的情况，制定出符合本班实际又能约束迟到学生的规定，即不给迟到的学生诱人的"糖果"。同时，班主任还要言传身教，身体力行，给学生做好榜样。最后，对于有迟到现象的学生，也不能厚此薄彼，既不给迟到学生滋生的土壤，又可以在不伤及学生情感的基础上，改掉他们的坏习惯。

那么，怎样预防学生犯重复的错误呢？

"不要在同一个地方跌倒两次。"这是很多人成长的经验之谈。如果一个错误犯了两次，甚至是多次，那么犯错者的自信心很容易受到打击。因此，当学生犯错了，老师需指导孩子怎样避免下次犯类似的错误。指导的时候要语重心长，言简意赅，不应带着怨气，絮絮叨叨，这样孩子才会谨记老师的指导，从而更好地避免下次犯同样的错误。

一般来说，孩子犯错之后，老师会以不同的方式批评。只是批评的技巧不同，批评的态度各异。批评之后，有些老师怨气未消，对孩子说："好了，该干吗干吗去！"好像一切就到此结束了一样，孩子被批评了一顿，显得有些沮丧，可是他们有时候只知道错了，却不知道怎样做才能避免类似的错误，结果下次依然照犯。

当老师发现孩子重复犯错时，生气的成分大于反思的成分，他们常常会骂孩子不长记性，却没有反思：孩子为什么犯了同样的错误！很多人在教育孩子的过程中也有这种经历，不过有的人能及时意识到问题的所在，懂得在批评孩子之后，再教给孩子一些实用的纠错方法。孩子犯错后，老师不应打骂孩子，也不应斥责孩子，要以平常心对待孩子所犯的错。这样能让孩子知道犯错是正常的，无须害怕犯错。告诉孩子，错误是学习新知识的开始，然后给孩子一些指导，让孩子知道怎样避免犯类似的错误。俗话说："吃一堑，长一智。"如果孩子"吃一堑"却未"长一智"，通常来说是老师教育的失职，这种失职一般有这样两种原因：

（1）对孩子比较放任，孩子犯错后，老师既不批评教育孩子，更不会提醒孩子怎样避免犯类似的错误。

（2）孩子犯错后，批评了孩子，却没有及时告诉孩子怎样避免犯类似的错误。

这样做使得孩子知其然却不知其所以然，知道什么样的行为是错的，却不知道如何避免犯错。说到避免类似的犯错，其实很多错误并没有程式化的避免方法。比如学习生活中的一些小失误，老师稍稍提醒孩子一句就可以了；对于一些有关个人品质的错误行为，比如说谎、偷窃等，老师应该严肃地告诫孩子如何做一个诚实正直的人。犯错是再正常不过的事情，即使老师教给了孩子避免犯错的方法。也不可能保证孩子不犯类似的错误。因此，老师应该对孩子怀有宽容的心态；即使孩子犯了类似的错误，也应用发展的眼光看待孩子的成长。要相信孩子每次犯错都能吸取教训，都能获得成长的经验。

学会防患于未然，才能渐渐走出犯错——批评——犯错的误区。

第三节　把全班视为一体

老师要想到，教室里会有些反常的集体行动，必须在一开始时就处理好，否则，一件平常的事，会变成困扰师生的持续性问题，令人不胜其烦。如果老师知道用什么方法可以事先预防或解决团体危机，而且具有付诸实践的技巧，那么许多紧急事件就可以事先防范，而没必要有那么多批评。

老师该怎么做才能使学生在教室里遵守规矩？什么样的办法可以营造出良好的教室动态与学习环境？

1. 眼观八方

有效率的老师必须熟悉教室内的动态。他不会抓错违规的学生，挑得出肇事者，不会冤枉旁观者、帮凶或受害者。他就像寓言中的人物一样"头部后面有双眼睛"，凡事都瞒不过他。

有效率的老师能够同时处理两件事：

当马丽高声朗读课文时，有两个男生在一边做功课一边聊天。老师说："马丽，你继续念下去。我听着。"然后立即对那两个男生说："你们讲话的声音太大。现在请你们坐好，专心做功课。"

这位老师没有小题大做，就省时省力地同时处理好两件事。相反地，做事没有效率的老师尽是忙些小过错而停止主要的活动。例如：

佳佳高声朗读课文时，春龙和小仓在位子上，你戳我一下，我也戳你一下，彼此闹着玩。另一位老师的做法是：

站起来，把课本放在自己的桌上，走向那两个男生，瞪着他们，生气地说：

"给我停止这种无聊的行为！"

"马上停止！"

"春龙，你还没有做完算术题。"

"你马上去做，一定要做对。"

"小仓，你也一样！"

她走回讲台，拿起课本，坐下后，说：

"好，现在继续念故事。"

在这件事中，这位老师白白地浪费了不少时间、精力和情绪。

2. 掌握班级动态

学生在教室里有身体的移动（像从座位走到讲台）和心理上的移动（像从数学课到语文课）。老师如何带领、维持和结束这些动作，显然影响教室里的纪律。无效率的老师说话过多而且无法掌控动作的流程，以下列出他们的缺点：

他们"出尔反尔"：他们结束一项活动，开始另一项活动，却又突然回转。例如，老师要学生收起拼音试卷，拿出算术课本。学生照办后，他却问："谁的拼音全对？"

他们"过分细究"：为了达到目标，他们唠叨不休，而且做了过多不必要的动作。

他们"分散命令"：他们分散一个命令，要求学生单独去做，殊不知全体一致一次就能完成。

他们"容易分心"：有效率的老师以目标为前提；无效率的老师注意不相干的细节而且容易偏离正题。例如：老师在黑板上讲解算术时，看到有个男生坐姿不正。她停止讲解，走下讲台，走到他的桌旁说："俊杰，坐直。你这个样子怎能专心听讲、写字端正呢？你马上给我直挺挺地坐正……嗯，这样好一点。"然后，她走回讲台继续上课。

他们"爱打岔"：有效率的老师不会在学生做活动时突然打岔、给予命令、询问或发表意见。他们能感觉出学生是否已经准备好听他说话。无效率的老师不等到学生注意力集中就开始讲话。他以自己的需要随时随地打岔。

他们"精神不集中"：无效率的老师半途无故中止一个活动，开始另一个活动。例如：有位老师正在检查算术作业。她叫同同起来回答。同同站起来正要说话时，老师环顾教室，然后说："嗯，我来看看，珊珊没来，是吗？有谁知道她今天为什么缺席？"

3. 要注重整体

有效率的老师注重整体。叫学生起来背书时，他不会全心放在一个学生身上，他自己有许多随机应变的技巧来提醒全班注意。例如：

在挑选学生出来认字时，甲老师拿出字卡，问谁会念，然后故弄玄虚地环视全班，最后才挑出一位来念。全班因而都提高警觉，而且有参与感。相反地，乙老师马上专注在一个学生身上（"宗翰，你愿意念这张卡吗？"），其他的学生都处于被动的地位。

甲、乙老师之间的不同，影响到许许多多的教学活动。一位是故弄玄虚、提高集体的警觉和保持注重整体，另一位则表现得像某位学生的家庭教师，而不是全班的老师。

"把全班视为一体"可算作是对批评防患于未然的一种方法和手段，防范紧急事件，就可以间接减少批评。

第四节　错误的批评方式

为人师长者，难免给"患者"开出"批评"这剂药，但如何让"患者"口服心服，确实是一门艺术。以下是一位老师的自述：

上个学期教旅游班的学生，班上虽然只有5个男同学，却十分调皮，去教课之前就有领导、老师给我提过醒，尽管做好了心理准备，却还是缺乏正确的应对经验。

有一次课的情景模拟是致感谢辞，我要求的内容是，感谢身边的同学、朋友、亲人以及值得感谢的陌生人，并在致辞之后，其他同学进行评分。课堂气氛一直保持得很好，轮到最调皮的男生了，他上台就说感谢他的妈妈，因为妈妈给了他零花钱，还说以前求妈妈给零花钱时要求很久，这次妈妈一下就答应了，所以要感谢妈妈。讲述的过程中，这位男生眉飞色舞、肢体语言丰富，看到台下的同学被逗得哈哈大笑，他更是得意地讲着。当时我生气了，我很纳闷为什么现在的孩子没有一颗感恩的心，将父母的事情当作笑料娱乐同学。冲动之下，我给他打了个负数分，并批评他"嘻皮笑脸"。可是马上我就后悔了，我想我伤害到他的自尊心了。于是我向同学们讲一些事例，讲学生要懂得感恩。下课后，我向那位男生讲明了道理，并承认自己做得不恰当，但是伤害还是造成了。

果不其然，接下来的每次课，他一改往日的活泼，默不作声地做着自己的事情，我想做些什么来挽回，但又无从下手。

这位老师对学生进行了不恰当的批评，造成了不可估量的"损失"。那么，错误的批评方式到底有哪几种呢？

1. 批评情绪化

一旦孩子出现过失的时候，老师的表现通常是情绪激动，脸色发青，手舞足蹈，念念有词，眼睛发直，声音分贝高，语言速度快，一阵狂风暴雨，真可谓酣畅淋漓！好了，说完了，骂完了，心里也痛快了，也平衡了。而您可能不知道，当老师大费口舌的时候，大多数孩子心里算计的却是："现在是骂到一半了！""忍耐一下，就快骂完了！"老师在呵斥孩子的时候也会突然停下来问："你听明白没有？"孩子马上反射说："听明白了！""记住了没有？""记住了！""以后还犯不犯？""不犯了！"这时候如此痛快地敷衍只是为了早点结束这场暴风雨。批评的目的是为了让孩子认识到自己的问题，理解和接受正确的建议，并在行动中改正。作为对一次过失的分析和评价应该是非常理性的。在这个过程中，发点脾气难免，发点牢骚也能接受，发泄就有失分寸了。

试想，这样的一种情绪如何博得孩子的尊重，如何使孩子信服，又如何能让孩子听从呢？

下面是一位老师的教学反思：

一日，我的课讲到酣畅淋漓处，无意间发现自己的得意弟子正眼望窗外，目光呆滞，神情恍惚。我走到他跟前以示提醒，他毫无反应。稍后，我又故意停下讲解，还望了他一眼，他竟视而不见，如同中了邪一般。这还了得？或许我对他的期望太高了吧，我顿时火冒三丈，劈头盖脸地给了他一通训斥，那孩子当时泪如雨下。事后我才知道，那段时间，他的父母正在闹离婚！我为自己的冒失深深自责，但覆水难收。

可见，情绪化的批评是多么可怕，无论是班主任还是科任老师，都应该引以为戒。

2. 批评泛滥化

有时候，老师在批评孩子的时候，声音慷慨激昂，语速飞快，大脑活跃，思维跳跃，联想丰富。批评要有针对性，对当前的问题有什么说什么，就事论事就可以了，而决不可责备这次过失，连带以前老账也一并算上。这种把"陈年旧账"重提的做法只会让孩子对老师感到厌烦、讨厌和憎恶，而且由于其他事情拉扯得太多，冲淡了当前主题，主要矛盾就容易被弱化和忽视。令人失笑的是，往往有老师说着说着就停下来了，怎么了？原来是一下子忘了该说什么了！只好自我解嘲地说道："哼，看看你，把我都气糊涂了！"

试想，这样令孩子怀恨又游离主题的批评怎么可能有利于问题的解决？

以下是一位班主任的自述：

身为班主任，对自己弟子的得失是再清楚不过了，学生一旦犯错，班主任总会翻出陈年旧账，一一算清。用意无外乎要告诉学生：你是个"惯犯"！而学生深感一朝犯错，永无出头之日。一日，某学生对我说："王老师，我知道您对我期望很高，我也很想做好，但就是控制不住自己。您能不能不要每次算总账，好吗？"身为班主任的我，顿时发现了一直以来的大意和疏忽。

这一点确实应该为广大教师提个醒！

3. 批评简单化

很多时候，孩子犯错后，老师的表现往往是该批评的时候不批评，不该批评的时候乱批评。很多老师都遇到过孩子不做作业的情况，往往是草草批评几句，而孩子却把这当作是背景噪音，根本没有起到批评的作用，下一次依旧不做作业。这种情况该怎么办？老师不必为此感到力不从心，可以把作业完成的好坏同奖励挂钩，只有这样，学生才会真正重视这件事情。

4. 批评急躁化

有许多时候是这样的，孩子甚至还没意识到错误即将或已经来临，还不能深刻意识到错误能带来什么样的后果，我们的老师却已经急不可耐，气不打一处来，通常是眼到、口到，甚至手也到了。

下面是一个老师的自述：

有个学生，顽劣不堪，我通过多种渠道和他沟通，可总是好景不长。又到了周五，我叫他老老实实坐在座位上做作业，做完我帮他纠正错误。他竟然趁我和其他家长聊天之际跑到新教学区前的草坪上捉虫子。得知这个消息，我简直气得七窍生烟，二话没说就打电话给他的家长，他的妈妈狠狠地收拾了他。后来，他告诉我："老师，每次我犯错误您都原谅了我，正因为这样我很喜欢您，我已经下定决心要改了，可是您为什么打电话给我妈妈？"我深深地震撼：是啊，我为什么不能再多一点儿耐心呢？我为什么对他点滴但可贵的转变视而不见呢？

"人非圣贤，孰能无过？"人犯错误是正常的，而头一次经历某些事情的时候犯错更是正常！但老师却没有给孩子足够的时间和空间去体验错误，尝试挫折，孩子甚至都不知道犯了什么错，批评和责备就已经接踵而至。这种急于求成、急功近利、急躁冒进的批评，往往扼杀了孩子的创造力，限制了孩子的发展。

批评是常用的教育手段，只有我们批评得法、得体，合情、合理，适时、适度，才会"柳暗花明又一村"。

第五节　批评的技巧

老师批评学生的目的，是为了加强对未成年人思想道德的建设，因此，掌握批评的技巧，对老师来说尤为重要。

1. 褒奖批评法

褒奖的方向最好针对对方的潜在能力，夸奖他本人注意的事，这样他一定会非常感激，下决心把这事做得比以前更出色。

以下是一位语文老师的自述：

一位学生写作文总不爱加标点符号。一次作文点评时，老师特意拿他的作文做范文。"这位同学的作文立意新颖，很有独到之见解，就是读起来让人感到有点儿费劲。所以我希望今后他能对标点符号稍加留心点，相信他能写出更好的文章来。"

这种以赞扬来营造批评的氛围，让对方在愉悦的赞扬声中同样愉悦地接受了批评，确是一剂批评的良方。

2. 宽容批评法

对学生提要求，可能的话，要给他们接受的准备，不可"开门见山""一针见血"，更不要操之过急。

3. 升级批评法

心理学上有一个"登门槛"策略，即为了说服对方接受一个较重大的要求，先让对方同意一个容易接受的很小要求，一旦他同意这个小要求之后，就可能同意那个更高更大的要求。要有一个循序渐进的过程，不能一步到位。

4. 暗示批评法

对学生的要求，命令式往往会引起学生本能的反感，甚至针尖对麦芒。用暗示法可以使学生有一个品味的余地，甚至是"下台阶"的余地，从而避免正面冲突。

以下是一位老师的自述：

一次上语文课时，我指名要一位男生来读课文，这位腼腆的男生用几乎无法听得见的声音默念完了这段课文。我叫他坐下，然后对全班同学说："刚刚这位同学把课文读得很到位，大家从他这'微弱'的声音里体会到了'指导员'所负的伤有多重了，不过其他的部分要是他能读得再响亮些，会让我们更能感觉到文章的情感。"这一番话，批评之语便依稀可见了。以后，每叫到这位男生起来读课文，他都读得很到位。

这种"犹抱琵琶半遮面"的批评，确实能达到使人警醒的作用。

5. 情感批评法

"诚心换诚心，黄土变成金。"以真心对待学生就会收到良好的教育效果，对学生既要晓之以理，更需动之以情，要情理交融，以理服人，这是教师工作必须遵循的重要教育原则。

6. 参与批评法

做任何一件事情，如果让学生作为旁观者，他们往往缺乏兴趣和热情，而一旦让他们投身其中，他们自然地表现出对事情的关切和热爱。

7. 信任批评法

教师表示对学生的信任，往往可以激发学生潜在的自尊和能量。

8. 自责批评法

一件事没有达到预期的效果，如果师生都有责任的话，那么，老师首先应该自责，自责可以造成一种民主的气氛，在这种氛围下，学生更能愉快地接受老师的话。

9. 幽默批评法

幽默的语言，往往能创造一种轻松的气氛，用幽默的语言来说服学生，比刻板的说教、严厉的斥责、尖刻的嘲讽，自然更能为学生所接受。

下面是一位老师的自述：

一位老师在上"动物象声词"一课时，叫一些小朋友戴上头饰分别扮演这些小动物。轮到一女孩时，她胆怯地把小鸡的叫声"叽叽叽"念了三遍。老师微笑着对同学们说道："这真是一只听话的'小鸡'，我们再让她加上动作来表演一次好吗？"小女孩又重新表演了一次。这次她表演得棒极了。老师赞扬道："这只'小鸡'多活泼可爱呀！"

这位老师如此幽默高超的批评艺术，不也是最令人动心的风景吗？让小女孩愉快地回避了自己的过错，从而敢在同学面前大胆地表现自己的才干。

10. 缄默批评法

对学生，在特定环境下，用缄默不语的方法，也许比喋喋不休的唠叨更奏效。

下面是一位老师的课后随笔：

班上有一位同学老爱打架，一次他又在欺负低年级的小同学了，老师知道后，不动声色地来到他的身边，一语不发，只用温柔的眼光盯了他片刻，这位同学便怯怯地跟着进了办公室。"回教室去吧。"老师温和地对他说。以后的几天，这位同学见着老师便躲得远远的。终于有一天，他忍不住问老师："老师，那天你为什么不狠狠地批评我几句呢？"老师笑了："我还批评你什么呢？因为你已经不再打架了呀！"

11. 体态语言法

老师上课时，用表情、动作等体态语言警告批评。

12. 旁敲侧击法

欲批评此事，却故意大张旗鼓地赞赏与之相反的彼事，如故意表扬做小动作者的同桌听讲认真等。

13. 对号入座法

老师为学生摆出几种现象，逐一分析，不直接谈及被批评者。

14. 延缓批评法

在问题发生后先设置一个缓冲阶段，等当事学生头脑冷静下来后再批评教育。

另外，还有将功补过法、促膝谈心法、故事影射法、当时当场法、防微杜渐法，等等。对这些批评方式、方法要用心选择，力争既巧妙又有效。

总之，教师应该掌握好批评的技巧，适时、适当、适宜地运用好批评。

第七章　论事而无关品性

有一位老师说："许多孩子不是不能成功，而是不敢成功。"的确，在心理上受到伤害的孩子往往在走向成功的道路上举步维艰。老师的工作是"治疗"，而不是伤害。孩子的成长是渐进的，作为老师，需要在小事中，告诉孩子做人的道理、做事的方法，这一切都要在就事论事中完成。

第一节 拒绝侮辱

如果说体罚主要指向学生的身体，那么心理伤害则直指学生的精神，伤害学生的自尊心，侮辱学生的人格。心理伤害具有隐蔽性，从某种程度上讲，其危害性非常大。在日常教学中，许多老师有意或无意、或隐或现地通过言语或其他行为暗示来打击、摧残学生的精神（心灵），给学生的心理造成不同程度的伤害。老师应该牢牢记住："愤怒可以，侮辱不行!"

许多老师在从教之前不会想到，和孩子们共处会与"生气"形影不离，他们曾经认为，好老师永远也不会生气。然而，教书的实际情况是——班上人数过多、需求无限、危机四伏——造成愤怒无可避免，所以老师不必为自己的怒气感到抱歉。优秀的老师不是被虐待狂，也不是烈士。他了解他有一般人的情绪，而且尊重情绪。虽然他不能始终保持耐性，但是他总是真诚的，反应真切，心口合一，不隐瞒烦恼，不假装有耐性；心浮气躁时，不会装模作样，当个伪君子。

开明的老师不怕生气，因为他懂得如何表达愤怒而不至于引起伤害。他善于掌握这个秘诀：宣泄怒气却不侮辱人。即使在被激怒的情况下，他也不至于口出秽言。他不抨击学生的品性，或羞辱学生的人格；不会骂学生是什么样的人，说他们会有什么下场。开明的老师生气时依然很真实。他会说出自己的看法、感受和期待。他批评的是问题，不是个人。他知道生气必然带来一些更棘手的问题。他会使用"我"这些讯息保护自己和护卫学生。

"气死我了!""我感到震惊!""我真是火大!"这些话总比下列的

话显得安全："你是条害虫！""看你干了什么好事！""你笨死了！""你以为你是什么东西？"

下面两位老师在生气时是这样说的：

当教四年级的韩老师看到全班乱七八糟，他说："课本怎么七零八落、散了一地！我看了既失望又生气。课本不应该散在地上，你们应该把课本收进抽屉里。"这位老师刻意避开怒骂（"你们这群笨蛋！你们怎么把教室搞得乱七八糟，你们根本就没有责任感。"）。

五年级的学生在上自习，全班噪声鼎沸。他们的老师刻意避开辱骂或抨击。他以坚定的语气说："我一听到高分贝的声音就会生气。"喧哗声立刻平息，然后老师专心讲解这句话的含意。

四年级和五年级的这两位老师都懂得在愤怒的时候也要保持就事论事，而不是使用过激性的语言去侮辱学生。

教一年级的小李老师目睹了7岁的王浩用石头扔同学，当时，她大声地说："我亲眼看见你扔石头。我很生气，也很难过。石头不是用来打人的，不可以扔石头伤人。"

老师故意回避羞辱的语言，如：

"你疯啦！"

"你可能伤到同班同学。"

"你可能害他一辈子残废。你希望这样子吗？"

"你是个残忍的小孩。"

试想一下，如果这位小李老师使用了上述这些侮辱性的语言对待7岁的王浩，那么将会对王浩造成怎样的影响呢？

下面是发生在一节体育课之前的一幕：

全班准备好要去上体育课，有两个女生却开始互掷球鞋。老师首先想痛骂这两个女生，不过，她适时改口说："你们那么做让我很生气。球鞋怎么可以拿来丢着玩，它们是穿来上体育课用的。"那两个女生就此停止扔掷，一起去上体育课。

再来看看下面这位老师的行径：

两个男孩把面包捏成子弹，互相打来打去，整间教室脏乱不堪。老师说："你们这两个混蛋！现在马上把教室打扫干净！你们真脏，连猪都不如。我要把你们的恶行告诉你们的家长。"

如果这位老师能拒绝使用侮辱性的语言，而是说："我一看到你们糟蹋面包就生气。难道你们不知道粮食的来之不易吗？这间教室需要马上清理。"相信效果就会好很多了。还有一些高年级老师甚至因为学生的一次迟到而侮辱、体罚学生，这是非常不可取的。

学前班的打扫时间里，老师帮学生收拾积木，小辉不肯动手收拾她的那堆积木。

老师："小辉，你那边还有积木要收。"

小辉："我不愿意，就不必收。"

老师（坚决地）："打扫时间要收好积木，这是规定。"

小辉："要收，你自己动手收。我才不干呢！"

老师（强硬地）："现在我生气了。我认为我们的谈话最好到此为止，不必再讲下去。"

小辉（哭着）："老师，不要这样，我来收不就好了嘛！"

小辉动手收拾的时候，老师告诉她："多谢你肯合作。"

这位老师既坚决又有效率。她毫不犹豫地表明要求，也毫不侮辱地加以坚持。她不做冗长的解释，而只是表达自己的感受和期待。

老师生气时，学生会特别注意听老师讲话。此时正是老师示范良好语言的绝佳机会。老师可以借机运用丰富的词藻打消一切恼人的怒气，像表示不舒服的难过、困扰、烦闷、苦恼、挫败、生气、暴怒、激动、愤慨或其他充满惊讶、愤怒的情绪。

表达愤怒的方式还有很多，要灵活运用并不容易，因为一发脾气，辱骂就顺口而出。可是，补救师生之间的沟通却必须熟悉这种不带侮辱的愤怒表达法。老师为了要学会这种新的方法，必须做彻底的改变，久而久之，风度自然流露。其实，多数老师对学生都有正确的态度与关怀，他们所欠缺的是表达关怀的沟通方法。每位老师都能摒弃损人的语言、令人痛苦的行为和藐视人的态度，即使处于盛怒，也能避免诽谤的字眼。这些自我约束并不会削弱表达能力，反而十足地表现了老师的风度，老师学习信赖一种不同的语言——一种生动活泼又无惧无害的语言。老师的座右铭是："愤怒，可以！侮辱，不行！"

诚如一位老师所说："即使气急败坏，我也不愿沦为虐待狂。我告诉自己：你现在得不到任何好处，可是你可以把损失减到最少。确信那些无可避免的裂痕，终究有弥补的一天。"有的老师说："生活本身充满艰苦与侮辱。我们何不让学生在学校里先品尝侮辱的滋味，提早做好应对的准备。"

"拒绝侮辱"，作为一名老师必须将此铭记于心！

第二节　不要讽刺

人们说有教养的人从不无故诽谤，老师有时则会。他们会无意中伤害学生。尖酸刻薄的老师尤其损害学生的身心健康。他们的刻薄言辞会贬低学生的自尊和妨碍学生的学习。受到伤害的学生会产生复仇的幻想与成见。

2011年12月12日教育部公布了《幼儿园教师专业标准（试行）》（征求意见稿）、《小学教师专业标准（试行）》（征求意见稿）、《中学教师专业标准（试行）》（征求意见稿），在全国范围内公开征求意见。三大标准都对尊重受教育者的权益以及保护受教育者的生命安全提出明确要求，如要对受教育者"平等对待""不讽刺、挖苦、歧视""不体罚或变相体罚"等。

讽刺挖苦有时候的确会起到令人觉醒、催人上进的作用，但针对的对象是不同的，在成人世界也许可取，但不应存在"童话世界"里。就像教育部公布的的教师专业标准，是针对幼儿园、小学、中学老师，而不是大学老师、公司企业员工。因为孩子们的心智并不成熟，利用挖苦讽刺的方法来教育，孩子也许当时领悟不了，难以奏效，而要是孩子真的知道字面背后的含义，能像大多数成年人一样放得下吗？一些讽刺挖苦好比给学生贴上了歧视"标签"，在孩子心里留下阴影，对孩子的成长带来不利影响。

一个专业的教师肯定是懂心理学，掌握学生生理、心理特点的，不应把运用在成人世界中的讽刺挖苦套用在孩子身上。真正专业的教师会换位思考，用孩子容易接受的方式来教育。

有这样一个故事：

一位叫郝学的小学生没能回答出语文老师的提问，于是老师就挖苦他说："郝学，你不配取这个名字，你应该改名为厌学，真是'好学'的话你怎么会一问三不知?"之后，郝同学很怕上语文课，成绩也越来越差，就转学了。新老师了解到他转学的原因后，就主动跟他谈心："人如其名，你应该像你的名字一样，勤奋好学，越学越好。"在这位老师的鼓励和帮助下，小郝努力上进，考上了理想的大学。

这虽然是个案，但从厌学到好学的转化，足见教师挖苦孩子的危害和正面鼓励的重要。

教师，传道受业解惑，真正专业的老师肩负着教书和育人的双重任务，只会教书而不懂得育人的老师，课讲得再好也难以培养出合格的人才。具有良好的道德品行修养的老师一定不会随意讽刺挖苦孩子的。

第三节　别给学生贴标签

有这样一则寓言：

　　狮子一觉醒来，发现自己尾巴上不知什么时候被哪个"无厘头"挂上了一个标签，上面写着"驴子"两个字。狮子大为恼火，想尽一切办法想把这个标签弄下来，可是无论它怎么弄都弄不下来。更让它恼火的是当它走在路上的时候，动物王国的其他成员指着它的标签说："看，这是一头驴子。"于是它气急败坏地找到狐狸说："你难道也认为我是驴子吗？"狐狸说："驴子先生，你长得虽然像狮子，可是你尾巴上明明写着'驴子'啊。"渐渐地，狮子也觉得自己是头驴子了……

　　很多人可能都读过这个寓言，它不仅仅反映了一个哲理问题，而且反映了一个深刻的教育问题。仔细地想一下，很多教师成了那个贴标签的人，每天都是在乐此不疲地给学生贴各种各样的标签，似乎不把学生分出个"三六九等"，教师自己都觉得过意不去。学生们整天为了考试而疲于奔命，渐渐地，学生们自己也觉得他们学习的目的就是为了考试。

　　据说罗森塔尔曾做过一个实验：

　　他随机抽取一些学生，然后对他们说："你们是优秀的，潜力是最大的，发展下去一定能成为栋梁之材。"过了几年以后再来看这些学生，他们的确比其他的学生发展要好，这就是所谓的"罗森塔尔效应"。

　　在教学中，教师就应该充分利用罗森塔尔效应的正面作用，而不能从其相反的方向去看待学生，过早地给学生贴上标签。

　　很多教师常常是从消极的角度来看待自己的学生。也就是说，老师们是基于这样一种假设来看待学生的，即人与人的智力是存在差别的，只有很少的学生可以学习优秀。对于很多学生来说，他们是不能达到优秀的，学生的智力是不会变化的，天生什么样就是什么样。于是，在这种传统思维定势的习惯下，老师们就会毫不犹豫地给那些考试成绩差的学生贴上"智力低下""行为异常"等之类的标签。对于那些学习差的学生，老师们就会想当然地、问心无愧地认为，他们就应该是差的学生。可是老师们却很少想过那些被贴了"问题学生"标签的学生的感受以及对他们心灵造成的伤害。

我们会经常听到老师对孩子的家长说你的孩子学习不行，我教不了；这孩子智商有问题，等等之类的话。久而久之，连父母都觉得自己的孩子真的不是学习的料。

下面是一位老师的自述：

有一次我在给七年级上课时提到这样一个问题：在生活中你曾经遇到过哪些诱惑？话题一打开，大家都踊跃地回答："网吧、游戏厅、台球室、新衣服、金钱……"当我问他们是否经受住了诱惑的吸引时，有一个学生说他没有经受住金钱的诱惑，话音未落，班上就嚷开了："他是贼，是小偷……"我注意到这名学生马上低下头，神色黯然，为了不伤害他，我示意全班安静，缓缓说道："'人非圣贤，孰能无过。'在我们面临诱惑时，有时禁不住也许会犯错，但'知错就改，善莫大焉'，我们都是有爱心的孩子，都有一颗宽容善良的心，当别人犯错时，我们应该学会包容，而不是武断地用'贼'或'小偷'去给他人定性，要知道这些将会陪伴他一生，让他永远无法摆脱心理阴影。金钱的诱惑虽然大，但我们只要记住不义之财不可取，'伸手必被捉'，我们就不会成为金钱的奴隶……"顿时教室里响起了掌声，我意识到我的目的达到了，学生懂得不能用一件事情去评价一个人，去否定一个人，应该学会宽容别人、尊重别人。这时我望着那个学生，他也正用饱含谢意的神情望着我。

课后，我让他们自己进行心理剖析，这位学生写道："我家里经济条件不好，当我看到别的同学买东西时，我忍不住就'拿'了别人的钱去买。通过这节课的学习，我以后再也不干这样的事了，我会努力学习，将来自己改变自己的处境。"后来，我发现他真的变了，变得更自信、更努力了，阳光又重新回到了他的脸上。

有一位哲人说过："要想除掉旷野里的野草，方法只有一种，那就是在上面种上庄稼，同样，要想让灵魂无纷扰，唯一的方法就是用美德去占据它。"

现在是广大教师该觉醒的时候了，那些还在为学生贴"标签"的教师们，是该放下你手中的那些"标签"的时候了，给那些所谓的"小淘气鬼"以更多的关怀吧，只要你用心去对待，你会发现他们都是勇敢的"狮子"。

第四节　了解学生好处多

许多老师只知道学生需要老师的了解和接纳，却不知道在特定的教学情境下，如何传达对学生的了解和接纳。

师生之间相互接纳与了解是一项复杂的艺术，需要一种特殊的语言。这里有一些指导原则：跟学生交谈时，批评与非批评性的言辞，两者之间有重大的差别。同样向学生提出要求，非批评性的语言获得合作，批评性的却招来反弹。例如：有个学生打断老师的话。

甲老师：我得把话讲完。

乙老师：你在打岔，没有礼貌。

老师留作业时，两个男生却在交谈。

甲老师：我正在留作业，你们应该记下来。

乙老师：除了说话，你们难道没有别的事可做吗？你们为什么不把作业记下来？

星期一早上，教室里乱七八糟，学生到处走动，高声交谈。

甲老师：我要开始上课了。

乙老师：别吵了！坐下，你们全部坐下。周末已经过了。这里可不是家。

有个男生既不举手，也不等待老师同意，就擅自答复老师的问题。

甲老师：我想听一听多数同学的答案。

乙老师：谁准许你说话？全班又不是只有你一个人。不要垄断大家的讨论。你的行为非常无礼。

在上面的例子里，甲老师的言辞不仅不涉及情绪，而且能减少冲突。乙老师的话语则引发怨气，使师生关系更紧张。甲老师避开批评而说出自己的感受和期待。他用"我"这个字来开头。如果要回答学生的问题、抱怨或请求，"你"这个字是最好的开头语。

有效的"你"具备下列特质：

正确地表明知道学生所讲的话或心声。

没有否定学生的感受。

没有反驳学生的情绪。

没有毁掉学生的愿望。

没有嘲笑学生的判断力。

没有看轻学生的意见。

没有损伤学生的品性。

没有贬低学生的人格。

没有质疑学生的经验。

下面这位老师就很了解孩子的感受和心情：

阿龙对老师说，他看见一个人，他感觉这个人比北京最高的楼还要高。老师不反驳阿龙的感觉，也不急着指正他说："没有人长得那么高。"也没有对阿龙说："别说谎，不要再提这个巨人的故事。"她改用怜惜和幽默的心情去了解阿龙的感觉。她问："你看到高个子的人？一个身体很大的人？巨人？极大？大得可怕？好庞大？巨无霸型？"阿龙一一回答："是的。"老师总结道："你看到一个大、高、庞大、极大、大得可怕和巨无霸型的人。"

她的做法不仅对人与人之间的关系有益处，而且能增加孩子的词汇量。

12岁的王瑞向她的班主任抱怨家庭作业太多，学校的指定功课也做不完。老师对王瑞说："别无理取闹。我在你这个年纪时，家庭作业比你多出10倍。至于学校的指定功课，你只能怪自己，如果你在学校里做完，就根本不用带回家做，因此你不要在这里抱怨，最好现在就开始做，否则成绩会不及格。"

这位老师如果真的同情与了解王瑞的抱怨，她应该说："你似乎对家庭作业感到困扰。在一天当中要做完全部似乎多了些，尤其是你还有另外的功课要做。嗯……"这时王瑞觉得有人了解她，心情舒畅了些，就会说："我最好赶快回家，我有一大堆的作业要做。"

体育课时，有个男生拒绝跳进游泳池。"水太冷了。"他说道，"而且我的身体不大舒服。"老师响应说："水温还不错，你觉得冷是因为你的身体是湿的。游泳池里的水经过加温，所以不会冷。你的脚是冰的，才使你觉得冷。你看你害怕得像只兔子，哭起来像个娃娃。你这个人怎么声音这么大，个性却这么懦弱！"

这位老师传出的讯息不但否定这个孩子的感觉，还反驳经验、争论情绪、损伤个性，并且贬低人格。老师如果使用有效的"你"去了解这个男生的感受，就不至于反驳他的经验："你觉得身体不舒服，也觉得游泳池里的水似乎冷了些，所以才希望今天不要游泳，是吗？"这样的响应容易打消反抗，使孩子觉得被接纳和尊重，使他感到自己讲的话得到真心关怀，而且确信自己没有被责备。

过一阵子，老师可以问："你有什么打算？"老师借此让学生自己想出解决的办法，而不要提出一套事先想好的对策。如果老师顾虑到学生的感受，学生通常会产生勇气去克服现实。

所以，老师应该敞开自己的心，去了解和接纳学生！

第五节　有效沟通的两个技巧

优秀的老师以学生的立场就事论事，不称职的老师则总是批评学生的品格与个性。这在实质上就形成了有效沟通和无效沟通的差别。那么，老师要做到有效沟通有什么技巧呢？

1. 寻求合作

开明的老师不会把学生看成理所当然的朋友。他知道学生是会爱、会恨而且情感矛盾的混合体。学生依赖老师，而这种依赖却会滋生敌意。为了减少敌意，老师谨慎地给学生机会去体验独立。学生自治权愈多，敌意就愈少；愈自立，就愈不会怨恨别人。

减少敌意的方法是，给予学生参与校内事务的发言与选择权。正如一位老师所说，当他采纳了尊重自治，即寻求合作的原则，就发现课堂上有许多地方可以应用这个原则。这里有两个例子可以说明：

"外面开始下雪。学生们跑到窗旁，开始尖叫欢呼。我让他们选择，我说：'你们来决定是要安静地赏雪，还是要回去做功课。'吵闹声立刻平息。学生们安静地欣赏雪景。"

"指定作业时，我让学生自己决定做 10 道或 15 道数学习题。10 岁的马军大叫：'我可不要多做！'我回答：'你高兴做多少就做多少吧！'马军回答：'我想，我做 15 道题也不成问题。'"

避免命令是寻求合作的有效办法。学生和成人一样讨厌到处受人指使、命令和强制（"照我的话去做！不必问。"）。他们讨厌别人侵犯自己的自治权。老师的言行举止如果显示尊重并且维护自尊，学生通常不会反抗。譬如：

甲老师：这种声音吵得令人心烦！

乙老师：不准吵闹！

甲老师：数学作业在第60页。

乙老师：拿出数学课本，翻到第60页。

甲老师：你的课本掉到地上。（下一句如果想讲，可以说：课本应该放在桌上。）

乙老师：把课本捡起来！

甲老师：门怎么开着。（下一句如果想讲，可以说：门应该关着。）

乙老师：去关门！

乙老师命令学生做事；甲老师避免发号施令，只描述当时的状况。至于该做何事，学生自然会顺应状况自己选择，老师不要强制指使。如果出于自我推断，自己决定怎么做，就能减少反抗与敌意，还会引来合作。

获得合作的另一个有效办法是：提供事实上办不到的想象空间。

有位四年级老师在班上读一则故事，名叫"五个中国兄弟"。每个学生听完后要凭自己的想象画出故事内容。学生画完后，拿着他们的画跑到桌前竞相叫嚷，企图吸引老师的注意。老师首先想冲口而出："坐下！我可没有200只眼睛可以同时使用。你们不准离开座位，也不要在那边叫个不停。"但是，老师改口说："我希望我能够同时看完你们的画，可是我办不到，你们不如在我走过去为你们一一提出建议以前，彼此先帮个忙，跟邻座的同学讨论自己的想法。"学生于是安静下来。只传来几声兴奋的耳语，团体工作就此圆满达成！

这位老师巧妙地赢得了学生的合作。她避免发号施令，只象征性地答应学生事实上办不到的事情。有的老师在对学生提出要求时，因意思表达不清或要求次数过多，而引起学生反抗或表现出不良的行为。

2. 不急于救助

现代的老师教导学生重视情感，帮助学生认识与尊重内心的感受。最重要的是，老师要谨言慎行，不要扰乱孩子的感觉。老师不要告诉生气中的孩子："没什么好生气的。"或对害怕中的孩子说："没有什么好怕的。"老师不能要难过的孩子露出笑容，或者要羞怯的孩子不害羞。他不会要求全班"生气时，要假装高兴"。

当孩子听到"没什么好怕的"，他会更加害怕，而且恐惧的程度加剧三倍。因为除了原先的恐惧外，现在多出怕人知道他害怕以及担心藏不住恐惧的情绪。恐惧不会因为你的驱逐就消失，也不会因不承认它存在就从此不见。因此，当孩子害怕时，最好的处理办法是坦白而尊重地承认他的恐惧。

何振新告诉老师，她怕考试。老师回答："考试是可怕，尤其是期末考。"他故意避开立即的安慰，像"考试没有那么可怕，如果你准备充分就没什么可怕"。那样的说辞会造成何振新痛苦。因为她的内心反应是："假如我考不好，老师会认为我没有准备。"

还有一个例子：

有个学生找老师帮他解答问题。这位老师希望帮上忙。事实上，老师已经胸有成竹，只是不急于提供答案给他。因为他知道学生难以接受快速的拯救。他们认为那是威胁他们的智力，反而让他们觉得自己愚蠢。"答案这么简单，我一定很笨，不然怎么会认为那是个难题，当初我怎么没想到，这岂不是证明我很笨。"

迅速给予安慰也同样帮不了孩子。例如说：

"这不是个大问题。"

"你不会有什么大不了的问题。"

"每个人都会有这种问题。"

"这是典型的青少年问题。"

"这个问题很容易解决。"

"不必担心。"

老师处理问题时应该聆听、重复、澄清、让学生自己想解决的办法，然后才问："你想到什么办法？"或"在这种情况下，你决定怎么办？"学生通常会自己想出对策，由此学会信赖自己的判断。老师若是急于帮忙，学生将丧失获得解决问题的能力和对自己产生信心的机会。

掌握了这两个技巧——"寻求合作"与"不急于救助"，一定会对老师与学生有效沟通产生帮助的。

第八章　尊重而有的放矢

"**要**尊重自己，首先要尊重别人。"这句箴言道出了尊重别人的重要性。老师在与学生的交流中，也不应该把这一原则性问题抛在脑后。而是应该在尊重学生、理解学生的前提下，有计划、有方法地关心、爱护学生。只有这样，才能获得学生的尊重，才能更好地和学生对话。

第一节 关爱的重要性

教师要想和学生拉近关系，首先必须是一个充满爱心的人：要关爱每一名学生，关心每一名学生的成长进步，努力成为学生的良师益友，成为学生健康成长的指导者和引路人。可见，教师给予学生关爱，是非常重要的。但是，仅有爱心又是远远不够的，作为教师，必须让学生读懂自己的爱心，让关爱真正走进学生的内心。

那么，如何对学生实施有效的关爱呢？

1. 避免爱的伤害是有效关爱的前提

师生关系是一组矛盾关系。学生对教师更多的是敬畏、服从，而沟通与交流却少之又少。如果教师主动找学生，大多数学生自觉不自觉地会在情感上设防，心理上处于一种本能的防守态势。这种状态对于情感的交流和教育的实施都是极为不利的。因此，教师就要拆除学生心里的这道屏障，为实施有效关爱创造前提条件。

首先，要克服攻击性心理。面对有过错的学生，尤其是少数"屡教不改"的学生，教师难免会产生急躁甚至恼怒的情绪，这种情绪也易引发过激的言行。如果不加以克服，还可能导致师生之间对立情绪的产生。事实上，学生毕竟是孩子，他们还处于成长阶段，教师应该允许他们有这样或那样的不完美。教师要做的是呵护、引导、帮助他们完善、成熟。明白此理，教师就不会有那么多的焦虑和不满，而应有一种宽容、理解的心态，遇事尽量克制自己，尽快稳定情绪，以健康、包容的态度去完成教育任务。

其次，要杜绝攻击性语言。基于爱和严，不少教师常是"刀子嘴，菩萨心"，然而学生感受到的可能只是你的"刀子嘴"，很难领会到你的"菩萨心"，这样就很容易让学生产生防御心理。学生通常会摆出一副"不吭声，任你唠叨"的架势，此种状态下的教育效果是可想而知的。

在师生交流中，教师的语言除文明、规范外，还必须杜绝攻击性。增强亲和力，既不要用温柔的"软刀子"——唠叨来"磨"学生，更不能用套话、气话、伤感情的话来"刺"学生，而是应该用道理说服学生，用真情来打动学生。比如：

某个不止一次迟到的学生又在上课铃响过后匆匆跑到教室门口，他的老师说："你怎么又迟到了!"

即便这位老师是随口、无意，但责备之意溢于言表，这很可能封杀了学生讲理由的欲望，又打击了他"匆匆跑"的那一丝纪律观念。如果换一句关切的话语："怎么回事?"学生可能会向你陈述理由，你就有可能根据他的陈述指出他的不足，肯定他的长处，告诉他该如何去做。也就是说，一句善意、关切的话语，常常可以创造一个实施教育的良好机会。

最后，要防止准备攻击性的行为。随着社会的发展，时代的进步，体罚学生的行为已为千夫所指，但在教育活动中，教师的准攻击性行为给学生心理带来的负面影响却未能引起足够的重视。比如，用眼瞪、用手指戳、随手推拉，等等，这些行为虽算不上体罚，但对学生心理、人格的侵害程度是不可低估的，它们往往是引起师生对立、冲突的重要诱因。教师应予以重视。

如果教师坚持做到以友善、关爱的行为对待学生，让学生感受到真情，别说是批评，即便是合理的"惩罚"，他们也会乐意接受，从而实现有效关爱。

2. 营造爱的氛围是有效关爱的基础

要让学生读懂教师的爱，教师必须要付出爱。这种"付出"还不能是一般意义上的给予，而是在给予的基础上，多方的构建、营造一种爱的氛围，这是有效关爱的基础。即教师在教育活动中除自己要倾注强烈的爱心外，还要通过教育活动，让家长懂得如何关爱孩子，让学生懂得如何互相关爱，教师还要指导他们适时地付出自己的爱。这样，教师、家长、学生才能共同形成一种关爱的合力。大家互相尊重理解、互相关心鼓励，在这样一种融洽、和谐的气氛中，学生才能健康成长、不断进步。所以，教师应该从以下几方面作出努力。

首先，要学会自己爱。如前所述，教师爱学生是无疑的，但这种爱是否存在着主观和盲目的因素，是否是学生所渴求的那种爱，恐怕就另当别论了。教师爱学生，必须花更多的时间、精力去了解学生，要弄清他们需要什么，尤其是心理的需求。换言之，教师要让学生读懂自己的爱，就必须先读懂学生的心。实际上，如今的学生心理承受着相当大的压力：同学间的竞争甚至嫉妒，家长过高的期望，教师严格的要求，自身成绩、相貌、身高等的困扰，等等。学生思想上的这些压力，教师如果不给予充分的关注、真心的理解和及时的疏导，那么关爱很可能是劳而无功的。因此，作为教师，应该积极主动地通过多种途径了解学生，关注学生，读懂他们的喜怒哀乐；放下教师的架子，与学生平等交流；多看学生的长处，善于发现他们身上的闪光点，并给予及时、充分的肯定。

下面是一位教师的自述：

作为班主任，我每天早晨进入教室的第一件事，就是环视全班，观察每个同学的表情，洞察每个学生的心理，如发现谁的状态与每天异样，就走到跟前，用手摸摸他的头，或轻轻地拍拍他的肩膀："你怎么了，不舒服吗?"如果感冒了，就及时让其他同学帮他打一些开水，给他吃一些药，并嘱咐要多喝水，学会照顾自己，并让他周围的学生帮他做一些事情。正是由于能够天天这样坚持，感染和教育着每一个学生，使全班同学都觉得备受关爱。

其次，要指导家长爱。父母爱孩子，这是毋庸置疑的。但由于应试教育的长期影响和社会竞争的日趋激烈，相当一部分家长产生了急功近利、重智轻德的教育倾向。对孩子的关爱，物质与精神比例失衡，只要学习成绩好，生活上有求必应；不必干家务，尽量少玩耍；教育粗暴，赏罚简单；总希望自己的孩子最优秀，总爱拿别人孩子的长处来指责自己的孩子，此类做法给学生精神上造成很大压力，也使大多数学生产生厌烦情绪，甚至逆反心理。这种"爱"变成"害"的家庭教育方式也给学校教育带来了不良影响。教师可定期召开家长、学生共同参与的"我的孩子的最大优点"的主题班会，让每位家长用一句话概述自己孩子最突出的优点，让学生感受家长对自己的关注与关怀，体会父母的爱心。

最后，要发动同学爱。在教育实践中，不难发现有些学生在与家长形成了较强的对立情绪，老师的教育效果也不理想时，教师有意识地通过与之或关系密切、或爱好相同、或座位相邻的同学做劝解、疏导工作，也能收到很好的教育效果。实际上，即使不是上述情况，利用同学之间的关心关爱，达到更好地与学生沟通的目的也是可取的。因为客观上，同学之间处于相同的年龄段，有共同的心理特征和共同的话题，较之师生之间更少隔膜和不便。同学之间相处，就时间、场合、气氛而言，交谈的内容更广泛、更丰富、更真实，交谈的方式更灵活、更随意，因而沟通效果也更为理想。

3. 引导爱的实践是有效关爱的关键

现阶段，就独生子女居多的学生群体而言，社会及家长给予的爱可以说是无微不至。他们是幸运的：生活在和平年代，生活条件优越，生活内容丰富，少冻饿之苦，无衣食之忧。就这方面而言，他们又有些"不幸"：处在爱的重重包围之中，泡在爱的蜜罐子里，难免会得爱的"麻痹症"。作为教师，除付出广博、深厚的爱以外，还有责任医治学生的这种"麻痹症"，唤醒他们的爱心，引导他们去践行爱。只有这样，教师才能和学生心心相通，才能更好地和学生对话。

首先，要帮助学生辨析爱。由于各种原因，与孩子接触最密切的家长，对孩子给予的爱，物质上的满足多，精神上的关怀少；单向的付出多，双向的报偿少；无私的奉献多，等值的体验少。即便给予精神上的关爱，也不免有些走形、变异——或是溺爱，或是偏爱，或是期望值过高、成才心过切的"功利之爱"。再加上老一辈与小一辈信息的不对称，阻碍了他们平等、顺畅的沟通和交流，这样就难免出现目前较为常见的现象：家长认为是关怀，学生认为是桎梏。对老师、同学、社会给予的关爱，学生也有类似的误读。

为了纠正学生的这种误读现象，教师既要帮助学生客观地认识社会、认识生活、认识周围的人，又要教育学生学会理解、体谅、宽容他人，更要教会他们通过分析关爱自己的人的言行、动机探求其实质，领会父母、师长的良苦用心。还可以结合教学中相关内容，结合班内、校内以及社会上真实生动的事例，不失时机地帮助学生认识真爱、领会真心、感受真情。

其次，要指导学生品尝爱。关爱，是美好的精神食粮，谁都乐意品尝。但对涉世不深的中小学生而言，犹如小猴子第一次吃西瓜：不知该吃皮，还是该吃瓤。教师有责任去指导他们如何品尝关爱，启发他们观察生活，观察身边的人和事，发现自己生活中的真善美。从深夜妈妈端来一杯牛奶中品出父母的爱；从风雨中同学伸过来的半边雨伞中品出同学的爱；从困惑时教师给予的谆谆教诲品出师长的爱……教师还可以结合教学活动帮助学生品尝爱。比如，可利用写作教学，让学生写"一封预留给下一代的信"，在学生给自己未来的下一代提希望和要求的过程中，提示他们与家长进行换位思考，理解家长的那份爱心。

再次，要告诉学生珍惜爱。教师要告诉学生。关爱是人类的一种美好的情感，是人一生中宝贵的精神财富，它能让每个人拥有克服困难的勇气，它能帮助每个人树立战胜困难的信心。教师还要让学生明白：尽管生活有这样、那样的不如意，但关爱始终是伴随大家的。每个人都不能无视关爱，更不能拒绝关爱。无视关爱是一种无情，拒绝关爱就是拒绝生活。失去关爱，生活将失去光彩，将会感到孤立无助。所以，要懂得珍惜关爱。

最后，要教会学生付出爱。作为教师，帮助学生辨识了爱，学会了品尝爱，懂得了珍惜爱，这还不够，教师还需教会他们付出爱。社会的进步、环境的美好，需要全体社会成员的努力，正如歌中所唱："只要人人都献出一点爱，世界将变成美好的人间。"要想得到更多的爱，学生也要学会付出爱，哪怕是为工作归来的父母倒杯茶，用假期探望一下曾经教过你的教师，替代生病的同学做一次值日……这些事虽小，但它可以让周围的人从你这里获得愉悦，感受生活的美好。

学生能够主动付出爱，也正表明他们读懂了爱。

总之，对学生实施有效的关爱，避免对学生进行爱的伤害，让他们生活在爱的氛围中，去接受爱并付出爱，是每一个教师的重要任务。

第二节　理解是照明灯

"**教**师不仅仅是向学生传授知识，他实际上是以一种个人的方式体现了他所教授的知识。""同样，学生也不是简单地储存他学到的知识；每个学生都是以一个特别的、个人的方式学习。每个学生都对他们的知识和理解事物的方式加以个人的塑造。"教师不能强迫学生接受教师，教师的地位最终必须通过从学生的给予中赢得。因此教师是否愿意去理解学生、是否能够成为学生的理解者，是促进教师有效教学的保障，是教师和学生进行有效沟通的前提条件。

理解是教师与学生架起沟通桥梁的照明灯，教师对学生的理解可以从两个方面加以落实，即从学生的认知上以及从学生的情感上去理解他们。

1. 接纳学生

学生需要受到教师的关注，并且希望教师站在他们的立场上。这里的接纳以尊重、肯定、关注、理解、公平、敏感和温暖为基础，意味着承认并且赞赏学生的内在价值。这并不是说教师必须要喜欢每个学生，但必须要无条件地接纳每个学生，因为每个学生都有其固有的价值。被无条件接纳的学生，即便是在进步缓慢或犯错误的时候也会觉得自己被别人需要，对别人有价值。教师可以通过自己的行为和语言表现出一些接纳的信息。如应该多抽一些课外时间与学生一起活动，了解并关心他们的生活，利用"最近感觉怎么样""你可以表达你自己的想法和感觉"等这些简单的话语，让学生清楚地知道他们在教师生活中是重要的一部分。告诉学生教师关心他们，用"我真的很高兴能和你在一起"这些话帮助学生感受到与教师之间的联系。

某校五年级有一名学生叫张伟，学习成绩不突出的他总是认为自己一无是处。一次自习课后，老师在班上大声说："同学们注意到没有，张伟总是能认真上自习，我为他感到高兴。"听了老师的话，张伟别提有多高兴了，从此以后，他更加努力、认真地学习。

有时候，一个真诚的微笑也足以表达一种联系，就如同说："我关心并支持你。"运用简单的手势：可以用竖起大拇指或简单的招手来与学生问好或再见。这些很好地传达了承认、接纳和关心信息的手势能够提供给教师和学生真诚交流的机会。教师还应注重学生名字以及发音：学生对自己的名字都感到自豪，因此，每位教师都应该学会每个学生名字的正确发音。读名字时，重复发错音或称呼绰号都是不礼貌的行为。

2. 重视学生

学生需要感觉到自己被重视，自己是重要的，感到他们参与学校活动是有价值的，能够对学校、对课堂产生一定的影响，感到他们所做的努力是必要的、被欣赏的，使他们渐渐地形成一定成就感。因此，教师应该为每个学生都提供参与有意义、有价值活动的机会。

例如学生可以因人而异参与如下各种不同的活动：主持讨论、制订课堂活动计划、关心课堂设备的更新、帮教师去教那些不太熟练的同学、帮助挑选书籍、做班级视听设备的管理等。

教师尽量为班里的每位学生都找到一项工作，如果教师想不到可供选择的工作，那么就发动全班同学一起想出一些需要完成的工作，让学生有节奏地参与课堂活动。教师应该让学生做多少事情，视每位教师所处的课堂和环境不同而不同。教师可以从学生能够做的、又不会造成多大危害的事情开始，例如让学生管理教室设备。在一些重要的问题上，则需要教师与学生合作，对学生进行过程性的指导。在学生参与这类事件时，最初步伐可以小一些，当学生学会自己处理的时候，教师可以逐渐地减少对学生的引导、帮助。当学生能够控制局面的时候，他们就变得更加积极地去思考。

3. 相信学生有能力

让学生感觉到自己有能力承担责任，有能力把事情做好。这样的学生清楚自己可以学会很多事情，知道成功和失败同样重要，即使困难重重他们也愿意接受挑战。如果教师发现学生产生消极、悲观、冷漠的情绪，就必须即刻着手提高他们自我认识的工作，根据学生的实际能力调整任务或技巧的难易程度；在教授新知识、新技能之前，确定学生已经做好了身心两方面的充分准备；帮助学生设定具体、合理的目标；为学生准备各种情景训练，以使他们在遇到意料之外的情况时能应对自如；让学生懂得"失败乃成功之母"的道理等。根据诱导性方案激励学生，进行自我鼓励，并加强对自己能力和潜能的信任。教师快速阅读某方案，然后向学生发放方案的复印件，请他们准备向其他学生作报告。报告时不仅要朗读方案，而且要研究每个句子，然后自由地、有重点地作报告。

4. 让学生有安全感

学生需要感到安全，尤其是情感上的安全。这意味着学生信任教师是为他们着想的，相信教师愿意尊重他们的观点。他们知道教师虽然不总是和他们的观点一致，但是教师是站在他们的角度理解他们的，并且教师愿意与他们合作共处而不是彼此对立。

如果教师在课堂上使用粗鲁的语言，威胁、挖苦的方式以及令人不愉快的惩戒措施，并且给学生在成绩及其他竞争方面施加过大的压力，许多学生就会变得焦虑和紧张。因此在课堂环境中，教师有责任建立一种安全的情感氛围，这种整体氛围应该是彼此接纳的，教师应非常了解学生，并且敏感地觉察到学生的个人需要。学生会对自己的真实感受畅所欲言，而不用担心会遭到讥讽和指责。

　　总而言之，教师应该充分理解学生，以达到更好地和学生对话的目的。

第三节　尊重让学生更亲近

尊重学生是建立和谐师生关系的核心，能够让学生更亲近老师。尊重学生的独立人格是尊重学生的价值和人的品质，尊重学生既是一切教育的前提条件，又是教育的基本方法和途径，没有尊重就没有爱，就没有教育。教师要想真正做到尊重学生、公平对待学生，就应该做到以下几点。

1. 尊重学生的人格

教师在法律地位上、人格上与学生是平等的。教师要认识到，自己无意的一言一行、一举一动，都有可能改变孩子的一生，因此，教师要注意多鼓励学生，鼓励会让学生增强自信，从而不断努力，使自己的潜力得到最大限度的发挥。

作为一个班主任、一个教师，即使学生犯了错误，对学生进行批评教育时，也应该尊重学生的人格，谆谆教导学生，才能取得教育的效果。如果一味地训斥，只能导致学生产生逆反心理。因此，批评学生要慎用批评用语，要讲究语言艺术，要处处顾及学生的自尊，使学生产生亲近感、信任感，愿意与教师作心灵的交流，这样才能使学生从思想深处认识错误、改正错误，才能切实有效地发挥批评的作用。

下面是一位老师的自述：

有一次，我拿着一个很漂亮、很精致的教具去教室准备上课。还没等上课，我就将教具放在讲台上出去了一下，可是等我回来的时候那个教具就不翼而飞了，我心急地大声在教室里问："有哪个同学看到老师的教具了?"同学们都说没看见,我横扫了一遍教室,学生们都一声不响地坐在那。突然,我发现刘好同学的脸色不太自然,灵机一动,说:"看看哪个同学最能干,帮老师找回来,不然老师就无法上课了。"看我很着急的样子,同学们都急忙低头翻抽屉,在教室里找了起来。我又接着说:"是不是老师放错地方了?"这时,没找到的同学纷纷说:"老师,没有!""这里也没有。""老师看看谁最能干,帮老师找到教具。"过了大约2分钟,只见刘好拿着教具冲过来:"老师,在这儿!"他指着教室一边的墙角说。我不动声色地谢了谢他,准备等一会儿找他谈谈。下午,刘好主动找到了我。他明白我当时没说穿的好意。我告诉他:"你一直是班里的优秀生。你现在这么诚实,能主动交上来,就是改正错误的第一步,可以原谅第一次。"刘好听了低下了头,并告诉我以后一定要努力做好。果然,经过了这一次,他好像长大了很多。

这位老师采取了尊重学生人格的做法,如果当时在课堂上当众揭发刘好同学的行为,产生的后果是不言而喻的。

2. 欣赏学生独特的个性

青少年时期是人的思维和认识活动最活跃的时期,他们善于接受和吸收新生事物,热情大胆,敢作敢为,不同个性的学生,他们处事的方法是不一样的,表现也是不一样的。因此,教师要善于发现学生的独特个性,并欣赏这种个性,有意识地保护和培养,给予学生发挥个性的自由。

个性突出的学生,在学习中,经常表现得与众不同,想法和思考问题的角度总是别出心裁,闪耀着创造的智慧。教师要及时给予他们表扬,对于存在的不足,要给予耐心的引导和帮助,用欣赏的眼光关注学生的发展。让学生从小就意识到不仅自己的人生需要喝彩,他人的成长历程也需要掌声。

3. 宽容、鼓励学生

宽容是一种积极有效的教育态度，也是教师高尚道德情操及对学生一片爱心的体现。莎士比亚说："赞美是照在人心灵上的阳光。"学生毕竟还是孩子，要少批评、多鼓励。"金无足赤，人无完人。"再优秀的学生也不可能没有缺点、不犯错误，是人都会犯错，总会有不足。作为教师要运用赏识教育，帮助学生找回自信，及时地对学生的进步加以肯定，加以鼓励，从而做到尊重学生。

一位老师说：

"班上有一个学生在老师面前表现十分腼腆，说话的声音小得几乎听不见。经过调查，原来他是因为怕在老师和同学面前丢脸，回答问题时，害怕答错而被老师责怪、被同学笑话，对自己缺乏了自信。一次，作为语文老师的我叫他起来读课文，他虽然站起来了，但脸红通通的一句话也不敢说，我马上微笑着对他说：'黄方同学，不要怕，大胆读，即便读错了，不会读，老师和同学们都不笑你，我们会帮助你的，你们说对不对。'同学们都大声回答'对'。在我的鼓励下，他开始读了，虽然他读得很慢，不怎么流利，读错的字也不少，但我还是表扬了他。慢慢地，他改变了，变得大胆了，甚至还参加了学校举行的朗诵比赛。"

好孩子的确是夸出来的，对于学生表现的不足，教师要用宽容的心态去面对。

4. 对待学生公平

教师应具有博大的胸怀，不能因为某个学生成绩好而偏爱他，甚至作出不公平的决定，尤其是对学习较吃力的学生，不应当让他们受到歧视和忽略。

古人云："亲其师而信其道。"学生，哪怕是"捣蛋鬼"，都要客观公平地对待他们，这样才能避免偏颇，才能促进每一个学生的发展。

他们才会觉得教师可亲可敬，进而相信教师，接纳教师的教育。

有这样一则案例：

一次，班上学习成绩好的黄丽丽和学习成绩较差的晓丽发生口角，老师把她们找来谈话。了解了情况后，老师一视同仁地进行了处理。

假如因为黄丽丽成绩好就不分青红皂白、劈头盖脸地把晓丽训斥一顿，不给她辩解的机会，姑且不说晓丽会有意见，就是今后班级的工作都不好开展，成绩好的学生也会认为即使犯了错误也可以享受特权，这对他们成长是相当不利的。

5. **虚心向学生学习**

韩愈的《师说》提出这样一个观点："弟子不必不如师，师不必贤于弟子。"说的是教师不一定都比学生高明，学生不能对教师求全责备，要学其所长；同时，教师既要不断进取，精益求精，也要向学生学习，做到"教学相长"。

教师在教学中，常常会遇到一些学生在答题时，理解之深刻，角度之新颖，方法之精妙独到。对于学生在学习中创造出的智慧，老师都应该毫不吝啬地说："老师不如你，老师要向你学习。"让学生体验成功的快乐，从而获得更大的学习动力。这便是教师对学生获得成果的尊重。

某小学老师说：

"我们班有这样一个学生，他聪明活泼，成绩还不错，但却非常调皮，经常与同学闹矛盾，不管是老师还是同学，他都不放在眼里。有一次，学校给各班更换了一批新的玻璃，他在课间时无意打碎了一块。当时，我并没有过多的批评这个学生，因为他是无意的，并且也没有造成太大的损失，我也就没把这件事当回事。可是有一天，他的妈妈拿着一块新的玻璃来到学校，说是赔偿他在学校打碎的那块，听他妈妈说，为了赔这块玻璃，他多次叫她去买。我真没想到，像他那样调皮的学生，会有这样的好品质，我低估了我的学生。'损坏公物要赔偿'，这是再普通不过的道理，在这件事中，我发现了他的优点并要向他学习。"

尊重学生就是尊重自己，为了获得学生的尊重和亲近，教师应该学会尊重学生。

第四节　隐私值得保护

几乎所有的老师都知道，学生的隐私权受法律保护。教师不仅不能侵犯学生的隐私权，而且也有义务保护学生的隐私权不受侵害。一个不在意学生隐私的教师是不可能获得学生的尊重和好感的。

但事实却是，在日常教学工作及生活中，侵犯学生隐私权的现象还时有发生，如有些教师将所了解的学生家庭隐私如学生父母生活经历、婚姻状况、家庭住址、电话号码以及学生的健康状况等公开，这可能破坏学生原有的生活秩序和精神安宁，侵犯学生的隐私权；还有个别老师私拆学生的信件，将其日记在全班同学面前宣读，侵犯他们的隐私权；甚至有的老师收缴学生的手机后私自看短信等。这些以教育的名义侵犯学生隐私的行为，不仅会伤害学生的自尊心，失去他们的信任，而且会严重破坏师生关系。

那么，为什么会屡有教师侵犯未成年学生隐私权的现象出现呢？

首先，在教育领域内保护未成年学生隐私权有其特殊性。一方面，隐私涉及的往往是学生个人生活中最隐秘的部分，每个学生都有不愿为人所知的秘密，都希望拥有一个安全自由的空间，不愿意自己的部分个人信息和其他私人事务让教师及同学知道、公开和传播，其结果是让教师较少知道乃至不能了解他们的隐私。另一方面，教师因业务关系，或多或少都会了解掌握到学生的个人信息，如班主任对学生档案的管理，教师在教学中接触到学生考试分数，教师家访了解到学生家庭情况等等。教育必须因材施教，要教育好学生，必须先了解学生，尽可能全面深入且不断了解和研究学生，如学生的身体情况、行为习惯、智力水平、情感世界、家庭背景、父母职业及社会关系等，这些都可能转化为教育学生的契机。可以说，有效的教育教学工作是以了解学生为基本前提的，只有做到这一点，教师对学生进行的教育才能有的放矢。从这一点上看，学生的个人世界似乎不存在教师不可以涉足的任何角落，这使得未成年学生隐私权与教师管教权存在着一定的冲突和对立。

其次，教师尊重保护学生隐私的意识不强。虽然教师管理工作意味着教师出于工作需要可以通过正当、合法途径掌握学生的部分隐私，但是教师个人不得随意传播或泄露学生个人隐私，否则也构成侵权。然而，由于缺乏法律意识，在不少教师眼中，未成年学生的隐私权是个模糊的概念。工作中往往由于教育方法不当，教师们有意无意地公开或传播了学生隐私。许多教师认为，未成年学生年龄尚小，不知轻重利害且不能完全自控，其行为应受到师长的监护，无所谓隐私不隐私。

自尊的需求是人的天性，尊重学生不仅仅是给他一个所谓的面子，而是懂得学生对尊重的迫切需要。尊重学生可以是多方面多角度的，尊重学生的隐私权，实质是尊重学生的人格尊严，尊重他们的尊严和作为人的价值。身为教师，要尊重学生，爱护学生，给学生反省的空间，给学生一点私密空间，尊重学生的隐私。这样，教师与学生的关系才会更和谐、更融洽。

那作为教师，应该怎样尊重保护学生的隐私权呢？

1. 加强对法律知识的学习

如何提高教师保障未成年学生隐私权的自觉性和增强其法律意识呢？教师学习与未成年人权益保障相关的法律知识，是提高教师职业法律素质的有效途径。通过学法知法，通过学习法律知识和案例教学，使教师认识到未成年学生作为弱势群体，需要更多的关心和帮助，就人格而言，他们有与成年人一样的隐私权，从而在今后的教育管理中，能够尊重、保护未成年学生的隐私权。

2. 以人为本，教育与保护两手抓

教育的目的是让学生健康成长，因而对学生的隐私权的保护需有利于学生健康成长。中小学生处于发展阶段，其认知能力、判断能力有限，在接纳积极因素的同时也会被消极因素所迷惑，如若没有教师的及时阻拦和引导，他们将付出沉重的成长代价，多走弯路甚至会走歪路。

教师行使管教权，并不必然构成侵犯学生的隐私权。学生要保护自己的隐私权，并不是说学生绝对不让教师介入自己的隐私。教师对学生进行管教是为了保护未成年学生的权益，未成年学生享有隐私权也是为了保护自身的权益。在日常教学及管理中，教师应转变教育方法，处处尊重未成年学生的权利和尊严，主动以平等的态度与学生交谈。同时，教师应时时注意保护学生隐私，严守学生秘密，未经允许不随便披露学生隐私，维护师生间的信任。

尊重学生的隐私权，保护学生的自尊心，意义非同小可。总之，当学生的权利意识开始苏醒时，教师的教育也应"与时俱进"，以人为本，尊重和保护学生的隐私，给学生留一点私密空间。

第五节　安慰有方法

当学生遭遇挫折或问题，伤心难过时，很多教师要么好言相劝"别哭了，坚强点儿"，要么帮助分析问题，告诉他"你应该怎么做"，还有人会批评对方："我早就跟你说过，谁叫你不听我的劝告呢……"其实，这些做法不仅不能使人得到安慰，还会使对方更加伤心。因此，安慰学生也要讲心理技巧，要根据对方的心理活动，给予最贴心的抚慰。

1. 要倾听学生的苦恼

由于生活体验、家庭背景、所受的教育等不同，形成了每个人对于苦恼的不同理解。因此，当试图去安慰一个学生时，首先要理解他的苦恼。

安慰学生，听比说重要。一颗沮丧的心需要的是温柔聆听的耳朵，而非逻辑敏锐、条理分明的脑袋。聆听是用我们的耳朵和心去听对方的声音，不要追问事情的前因后果，也不要急于做出判断，要给学生空间，让他能够自由地表达自己的感受。

聆听时，要感同身受，学生虽然年纪小，但也会察觉到我们内心的波动。如果我们对他的遭遇能够"悲伤着他的悲伤，幸福着他的幸福"，对被安慰者而言，这就是给予他的最好的帮助。

2. 要接纳学生的世界

安慰学生最大的障碍，常常在于老师无法理解、体会、认同当事人所认为的苦恼。人们容易将苦恼的定义局限在自我所能理解的范围中，一旦超过了这个范围，就是"苦"得没有道理了。由于对学生所讲的"苦"不以为然，因此，老师容易在倾听的过程中产生抗拒，迫不及待地提出自己的见解。因此，老师需要放弃自己根深蒂固的观念，承认自己的偏见，真正站在对方的角度去看他所面临的问题。

新学期伊始，某校二年级的课堂上，老师正在给孩子们发新书，发到孙玉娇时正好没书了。孙玉娇泪汪汪地说："我总是最后一个拿到书。"她抗议道："因为我长得高，座位在最后，所以老是拿不到东西。我讨厌我的身材，我讨厌学校，我讨厌每一个人。"

孙玉娇的老师思考如何及时补救，他给孙玉娇写了一张字条：

亲爱的娇娇：

我知道你一定很伤心，你急切地等待收到新书，却突然间出现这样一个失望的情形。除了你以外，每个同学都拿到了新书。我会亲自留意，让你收到新书。

你的老师

老师的温馨话语安抚了孙玉娇，所以她平静下来，永远记得这仁慈的一刻。

孙玉娇的老师当时如果持不同的态度，譬如："小孩子应该早一点学会面对失望。"这样他可能加深孙玉娇的伤痛。可见，老师的安慰方法对于学生来说是多么的重要。

心理学专家说的"放下自己的世界，去接受别人的世界"，就是这个道理。教师最好的安慰方式，就是暂时放下自己，走入学生的内心世界，用自己的眼光去看学生的遭遇，而不妄加评断。

3. 要探索对方走过的路

教师常常会感到自己有义务为学生提出解决办法。殊不知，每个被苦恼折磨的学生，在寻求安慰之前，几乎都有过一连串不断尝试、不断失败的探寻经历。所以，教师所要做的就是，探索学生走过的路，了解其抗争的经历，让他被听、被懂、被认可，并告诉他已经做得够多、够好了，这就是一种安慰。

心理学专家提醒我们一个重要的观念："安慰并不等同于治疗。治疗是要使人改变，借改变来断绝苦恼；而安慰则是肯定其苦，不试图做出断其苦恼的尝试。"

下面的事件是一个三年级老师讲述的：

"在午餐值班时段，每当有学生哭着跑来找我，我就安慰他，不问原因，仅仅这样就能止住哭泣。当他们不再哭泣时，表情仿佛在说：'谢谢你，你了解我。'

有一回，我在午餐时值班，力宏痛哭流涕地来找我。当时，很难看出他悲伤的原因，不过稍后我明白，原因并不重要。他来找我是为了寻求安慰，不是找我调查真相，所以我拍拍他的脑袋，说：'我懂，力宏，我懂。'当我继续说别的安慰的话时，他逐渐恢复了平静，不觉得有必要解释哭泣的原因，就面露笑容地回到座位。"

实际上，在安慰学生的过程中，所提供的任何解决方法都很可能会失灵或不适用，令对方再失望一次，故而不加干预、不给见解，倾听、了解并认同其苦恼，是安慰的最高原则。

另外，陪学生走一程也是一种安慰。学生会在教师的陪伴下，觉得安全、温暖，于是倾诉痛苦，诉说他的愤恨、自责、后悔，说出所有想说的话，当他经历完暴风雨之后，内心逐渐平静下来，坦然面对自己的遭遇时，他会真心感谢教师的陪伴，也觉得是靠自己的力量走过来的。

安慰的方法还有很多，但需要教师真心诚意地去学习和实践，只有如此，教师才能和学生心连心地携手并进。

下 篇

对话多样化的手段

第九章　与中小学生面对面

"现代管理之父"德鲁克说："一个人必须知道该说什么，一个人必须知道什么时候说，一个人必须知道对谁说，一个人必须知道怎么说。"当教师与中小学生面对面时，也应该做到：对于"该说什么""什么时候说""对谁说""怎么说"心中有数。只有这样，才能更好地、更有效地和中小学生进行对话。

第一节　课堂"对对碰"

老师与学生面对面的时间大部分应归属课堂。课堂上，老师为学生传授知识、答疑解惑，学生通过这种途径获取知识、丰富思想，一个善于把握课堂学生变化的老师会不断捕捉学生在课堂上的各种表现，从现象入手进一步思考产生这种表象的原因。课堂"对对碰"，你准备好了吗？

1. 身体语言的运用

教师的目光是一种很有效的传达思想的方式。面向全体时，充满期待和鼓励；面向个别时，充满肯定或提示。笑意浓浓下落落大方，也是构建活力课堂的开始。偶尔的满目威严，传达着师道尊严。相反，紧张无绪的目光会传染给学生，他们在课堂中也会散漫无章。倘若不用眼神和学生进行积极的交流，而是把心灵的窗户关闭，心与心的沟通将无从谈起。

兴致盎然时，老师尽可舒展手臂，领着孩子感悟文字的节奏与韵味，孩子们会真切地被老师的热情感染。

2. 提问的艺术

在课堂上，老师应该讲究提问的艺术，设计出好的问题，可以让学生紧跟课堂节奏，活动充分，使探究活动更精彩，发挥学生独特的想象力。

首先，设计环环相扣的问题，便于驾驭课堂。

其次，设计有利于学生思考的问题。

联系学生的实际，提出便于学生接受，能主动引发他们思考讨论的问题，可以激发学生回答问题的积极性。

最后，要提出能引发学生联想的问题。

只有在课堂上设计完美的问题，学生思维的火花才能被点燃，从而才能燃烧得更好，老师才能了解学生的思维状况和对知识的掌握情况，才能实现与学生的有效沟通。

3. 恰到好处的评点

除了教师设计的问题，还有很重要的一点就是教师的评价语了。当学生思考或回答教师提出的问题，在教师的引导之下或茅塞顿开，或不得要领，或洋洋洒洒，或一言不发时，这个时候，便是课堂交流的最佳时机，也是教师和学生碰撞的开始。

针对课堂上学生的发言，教师的评点是很重要的。既要对学生进行充分的肯定，注重学生的个性表达，又要让学生知道表扬、赞赏或者批评他的理由。

首先，抓住时机，激情评点。

在课堂上，老师要充分利用预先设计的层次性问题，面对全体学生，由易到难，给每个学生展示自我的机会。而老师实时的鼓励点评会让每一个学生都感受到成功的喜悦。避免问题层次不清，难易不分，引起一部分学生起哄。同时要让他们知道，认真倾听是一种好的品质，是对别人的尊重，老师对学生作这样的评点，既恰如其分地评点了学生能力，又让学生知道什么样的行为不被老师赏识，课堂学习的气氛也会更加和谐、愉悦。

其次，评点恰当，收放有度。

好的评点，能激发学生学习的能动性，老师应该给学生恰当的鼓励，同一个问题，对于基础较好的同学和基础较差的同学是要区别对待的。

4. 灵活多样的评价

老师对学生的评价方式很多，灵活地采取多种方式对学生进行评价，可以更好地把握学生情况。

首先，可以在每一节课安排课前延伸，进行前置测评；再安排课内探究，体现双边活动；组织课后拓展，力争每一个环节都能对学生进行有效的评价。

其次，要注重合作学习小组评价。充分利用合作学习小组组长的带头作用，把学生在新知探索课、试卷讲评课、综合探究课、综合复习课等的表现随时记录下来，每个学生根据自己的表现进行自我反思、总结，老师随时了解学生在组内的表现，以便加强指导。

除此之外，在教学中，教师还要积极营造一种生动有趣的教学情境，一种平等互助的对话情境。在这样的情境中进行"对话"，教师和学生不仅仅通过语言进行讨论，更主要的是通过心灵进行平等的沟通与交流。

比如教师在教学中经常用这样的语言与学生进行交流：（1）老师也有个想法，可以说一说吗？（2）老师听明白了，你的意思是……（3）你愿意告诉同学们你是怎样想的吗？（4）谢谢你，教给我们这个好方法。（5）老师不太明白你的意思，你愿意再说一遍吗？

在这种状态的课堂教学中，教师以自己的良好情感引发学生积极情感的共鸣，形成情感交融的氛围，获得有效的课堂教学。

课堂"对对碰"，需要老师的耐心和爱心，看到学生们有了进步，相信每个教师都不会吝啬对沟通技巧的学习和改进啦！

第二节　课下"连连看"

曾经有一位心理学家说过："孩子的心灵像未干的水泥，只言片语都会对他们有所影响，父母和老师所讲的话，哪怕是开玩笑的戏言，都会在他们的人生中留下严重的后果。"这句话一点儿也不夸张，老师的一句话，有时能够影响一个孩子的一生。

在学校，老师除了要和学生在课堂上进行沟通和交流，在课后与学生面对面谈心也是必不可少的。尤其是作为与学生关系最为密切的老师——班主任就更应该注意自己的一言一行。在和学生谈心的时候，要讲求运用正确的方法，切不可随意说、胡乱说。课下"连连看"，你准备好了吗？

1. 注重情感交流

老师站在管理者和教育者的角度和学生谈心，很容易把学生推向被管理者和受教育者的对立面。无形之间就筑起了一道沟通的"高墙"，再好的道理学生也听不进去。"平易近人"这个词，说起来很容易，可是做起来却很难。难就难在许多老师难以放下自己被传统"架"起来的架子，维护着所谓的"尊严"，把自己的角色神圣化，让自己去扮演说一不二的"神"，而忽略了自己作为一个人的本质。事实上，找学生谈心，对方往往开始时并不注意老师讲的道理，而是看老师对自己的态度和感情。因此，老师既要把谈心看作是心理沟通的过程，更要把谈心看作是感情交流的过程。谈心不是教师单方面的说教，而是为了达到教育目的和学生的一种互动。谈心要交流思想，但首先要交流感情，只有在相互平等、相互尊重的基础上，才能建立良好的谈心氛围，才能谈得拢、谈得好。

2. 耐心聆听

当谈心之时，学生在诉说有关问题的时候，教师应该是其最专注的知音。在听学生说话时，绝不可心不在焉，东张西望，或看看手表，或翻翻书本，而要全神贯注，面朝说话人，耐心倾听，这样学生会感到对他的尊重和关心，也愿意将心里话告诉老师。

一些老师在与学生谈心时，更多的是谈话，而不注重交流。表现在交谈过程中没有耐心、也没有意愿去倾听学生的想法，即便"听"了，也是在冷漠地听，批判地听，更多的时候是没等学生说完，就劈头盖脸地批评责备，表达自己"恨铁不成钢"的失望心情。即使学生表达了希望交流的愿望，也得不到教师的重视，往往被教师的随意插话和主观评判所打断。这样，谈心的效果自然会打上大大的折扣。

此外，在一般的教育性谈话中，老师往往难以忍受交谈过程中的片刻静默，学生的表述出现停顿时，老师可能会马上加以催促："你说，快说啊!"这就会使学生感到自己在被审问，并且产生抵触情绪。但是事实上，老师并没有意识到，学生的沉默可能正是在寻找适当的措辞来描述自己的感受，表达自己的想法。这时候，老师的催促或者插话都会使学生产生"老师并不重视我的感受，也不重视我本人"的想法，从而失去了了解学生的良机。

有的学生是急性子，即使有言语伤害，老师也要耐心听完，然后再说自己的看法。有的学生是慢性子，半天不着边际，也不能发火，应点拨引导，适时插话，引导其尽快转入正题。在听取对方倾诉时，教师也不要急于下结论，要有冷静和理智的态度，认真分析判断。

3. 学会接纳

要想使自己的话能够深入学生的心灵，老师应该首先学会接纳学生。老师在谈心中接纳学生、关心学生，是爱心的自然表露。这种爱可以引导学生产生巨大的内动力，去自觉地、主动地沿着老师指出的方向迈出。只有当老师给学生以真心的接纳，给学生以亲近感、信任感、期望感，学生才会对老师产生依恋仰慕的心理，才能敞开自己的内心世界，老师才能"对症下药"，使谈心收到应有的效果。老师愿意认真听取学生的看法，是课下沟通有效的开端。所以我们也可以把接纳看成是一种主动与积极的态度。

4. 给予支持鼓励

学生遇到了挫折与困难，会垂头丧气，有时可能还会伤心哭泣，那么作为教师通常会如何处理呢？一些教师，特别是女教师，很自然的反应便是劝慰和同情，比如会说"好了，别哭别哭，不要哭了"，或者说"这有什么好想不开的？把心思放在学习上就好了"等等之类的话。试想，这种安慰能够帮学生振作起来面对问题吗？相反，可能还会使学生产生自己的情绪被否定了，自己在教师心里是没有价值的这样的感受。因此，老师感受学生的心情并表示关切和支持，以积极态度对待学生，对学生言语和行为中的积极面、光明面，长处、优点予以有选择的和特别的关注，强调正面的优点，不仅可以使学生感受到被理解的温暖，更可以给予学生面对问题的勇气和力量，主动去寻找自我解脱的良策。

5. 注重引导

老师与学生谈心时，基本上采用规劝或说教两种方式，并总是以帮助学生解决当前问题为直接目标。所以，老师常常会直截了当地告诉学生目前的问题是什么，应该怎样做。无论学生能否接受，都没有选择的权利。长此以往，学生的主动性和积极性难以得到提高，使学生产生"学好学不好是老师和家长的事"的想法，个人的意愿和主动性被磨灭。

引导是一个以讨论为基础，以启发为目标的积极的思想过程。老师要学会引导学生积极认识当前的问题，思考其成长中的挫折与障碍，主动地剖析自我，承担责任，协助学生自我管理和自我成长，而不是包办代替，为其安排一切。具体地说，它要求老师与学生谈心时，多提问题，少加评论；多做启发，少做说教；多鼓励对方讲话，少讲个人意见，以共同探讨代替强制的说理和武断的解释。要记住，培养学生自主的管理意识和责任心，把"要我学"变成"我要学"才是教育最终的目的。

以下是一位老师的教育反思：

前两天看到一篇关于教师与学生课后交流沟通的文章，使我大受启发。文中这样写道："在课后，我会更多的倾听学生的内心想法，如在二年级上课后我会问学生一句话：'今天，你快乐吗？'孩子们的内心是纯真的，如果是开心的话，内心的喜悦永远都无法掩饰。他们会大声地回答我：'今天，我很开心！'"

此后，我经常对学生说："此时你有什么心里话要告诉老师，可以把它写在小纸条上。"在上学期我就收到这样一张纸条："老师，我举了好几次手你都没叫我……"这节课后，我到他们班上课就特别注意了她，这个孩子坐在第四组的最后，上课很少说话，也不愿和别人交流。有时候坐在教室里，有她没她一样的感觉。从那以后，我就有意识地让她发言，让她上来表演。渐渐地，我发现她在课堂上比以前活跃多了，并且能够和同桌的同学一起表演趣味节目。上节课后她还主动提出帮我拿录音机。

的确，教师不仅仅要把握课堂上的机会与学生沟通和交流，课后的谈心一样重要。但是无论是课上交流还是课下交流，都不能不得其法，而是必须遵循一定的方法和原则。只有这样，课下"连连看"才能够发挥出它的作用，才能更好地为教师服务。

第三节　走进学生家庭

老师与中小学生的对话和交流不止于学校，也不止于学生本身。老师走进学生的家庭，进行家访，与学生家长沟通，能够很好地拉近师生关系，从而为与学生顺利地交流奠定基础。成功的家访可以增进教师对学生及其家长的了解，从而更有效地实施个别教育；还可以促进家长和社会形成对学校工作的认同，树立好学校的社会形象。那么，怎样才能进行成功的家访呢？

1. 熟悉情况

"知彼知己，百战不殆。"教师进行家访，学生的特点以及家长和家庭的个体差异性是进行家访之前不能不考虑的，那么家访之前要做好相关的准备工作就显得非常必要了。

一般地讲，做好了家访的准备，就有成功的家访；否则，难以达到预期的效果，甚至事与愿违。要做好家访的准备工作，首先，对学生的情况要详细了解；其次，家访前还要掌握被访家庭及家长的相关信息。父母的职业、收入情况、婚姻状况、文化程度、兴趣爱好、家庭成员情况等等。被访家庭及成员的信息将对教师的访谈起到很好的提示和指导作用。比如去造访父母离异的单亲家庭时对其子弟的评价和心理暗示肯定会不同于一般家庭的孩子，教师的言语也许会更加小心翼翼。

2. 沟通讲技巧

教师进行家访实际就是实现同学生家长或其家庭成员的沟通，在与家长的沟通过程中，教师虽然占着主导地位，但如果不讲究技巧和方法，不研究家访对象的特点，难免会出现人际关系紧张，导致沟通的失败，家访不成功。

要实现与家长的良好沟通，一是要充分尊重家长，与家长建立平等诚恳的人际关系，尽管在教师与家长关系中，教师起主导作用，但他们在人格上是完全平等的，不存在尊卑、高低之别。家长当中，有不少是受过专门教育的工作者，也有不少家长有着丰富的教育子女的经验，当然也有很多家长教育修养较低，文化水平不高，但他们有着良好的愿望，有着教育好子女的迫切要求。因此，教师要尊重他们，特别是要尊重那些"问题"学生和"不听话"孩子家长的人格，不能因学生有错而迁怒于家长，责备甚至讽刺挖苦。"与人以实，虽疏必密"，在平等尊重的基础上，教师的诚心、爱心是与家长沟通的前提。

二是要多报喜、巧报忧，丰富家访内容。很长一段时间内，家访已经成为了"老师向家长告状"的代名词，有不少班主任或科任老师往往是在学生犯错之后无可奈何才做家访。有的学生说"天不怕，地不怕，就怕老师到我家"。学生之所以有这样的想法，很可能就是以前的老师家访时只告状不表扬造成的。总是向家长告状的老师是不受学生欢迎的，他们会认为你是个没有本事的老师。家访要以介绍学生的优点与进步为主。在肯定成绩的前提下，提出学生的缺点和不足之处，以帮助学生改进。特别是对一些特殊学生，家访时首先要向家长反映的是其子弟在校期间的进步和优点、爱好和特长，哪怕是微不足道的一点进步也不要放过，要把它作为与家长沟通的支点，清除家长的心理障碍，让家长看到孩子的希望。然后再实事求是地介绍学生在校的其他表现情况，和家长一起耐心地分析研究，商讨教育的措施和办法，必要时让学生旁听，让他谈谈自己的看法。

三是要学会倾听。虽然家访当中老师是主导者，但与家长沟通时老师要善于倾听，多数班主任或科任老师约见家长时，说得多，听得少，只顾自己痛快，一通数落，自己累了，家长也不会高兴。因此，教师不妨换个方式当一回听众，听听家长的诉说。

以下是一位老师的自述：

赵野是我们班的一个学生，特点是话特别多，课堂上经常成为老师点名的对象，对此我很恼火，多次找他个别谈话，但效果不好。无奈之下，我找到家长，准备就他的近段表现数落和发泄一番。见面以后，家长很主动地向我了解情况，并将这个学生从小学以来的表现都作了反映，从家长的反映我了解到该生上课插嘴、讲话，不是一时的表现。听了家长的诉说，我改变了原有的想法，认为，要想改变该生插嘴的习惯，就要做好打持久战的准备，切不可急于求成。

可见，有时候多说不如少说，做个听众，认真倾听，从家长的话语中捕捉相关信息，效果会更好。

3. 注重形象

一定范围内讲，教师是公众人物。社会和家长对教师形象的要求比其他行业都要高，教师的一言一行、举手投足，公众都会非常关注。教师的形象直接影响他们的社会公信力和美誉度。

家访当中，教师注意维护自身形象，显得特别重要。那么，怎样才能树立好的形象呢？

教师家访时要做到以下四个"要"：

（1）访前要预约。做家访提前预约既是一种礼貌，体现对家长的尊重，同时也是让家长有思想准备，暂时放下其他工作，这样做才会收到好的效果。

（2）仪表要大方。教师家访，和家长见面，在穿着仪表方面做适当的整理是工作的需要，也是礼节的要求。穿着打扮要符合教师的职业和身份特点。女教师要避免浓妆艳抹，男教师要避免不修边幅。

（3）语言要文明。教师在家访当中，可能遇到个别家长，由于子女的教育问题，双方有不一致的看法。家长有些情绪，话语不中听，甚至出口伤人。遇到这种情况，一定要冷静处理，切忌以"粗"对"粗"，否则，于事无补，反而把关系弄僵。

（4）举止要得体。家访当中，教师要理智把握情感，自尊自重，不要与家长称兄道弟，不要把金钱交易带到与家长的交往当中。不论家长地位高低贵贱，都要不卑不亢，平等以待。

走进学生家庭，是教师与学生家长，继而与中小学生对话不可或缺的途径。

第四节 文体活动中的"火花"

在中小学，学校和班级都会组织各种类型的文体活动，丰富学生的业余生活，培养学生的集体精神。教师可以很好地利用这些文体活动和学生们进行沟通和交流，从而在活动中和学生擦出"火花"。

1. 拉近师生关系

言传不如身教。在学校组织运动会时，教师应始终和学生在一起。在来回的路上与学生一起接受评比小组的检阅；在看台上始终与学生坐在一起，为运动员摇旗呐喊。因为只有教师坐得住，学生才能坐得住。

运动会是拉近师生关系的最佳时机。运动员比赛后，教师对其及时给予鼓励和关心，是非常重要的。必要时，为他们捏腿放松、系鞋带、倒水、搀扶以及对运动员失败后的安慰……所有这些都能拉近老师与学生的关系。

作为教师，让学生们看到自己的激情更会使学生加深对教师的好感。因此，在教师的比赛项目中，教师主动参加，大部分原因就是让学生看看老师不仅仅是说教者，老师也是实践者。其实老师是那么的容易接近，老师并不是遥不可及的。在运动会中，学生为自己的老师加油，那种心情是平时的学习生活中无法获取的；在文艺表演中，学生看到老师在台上尽情舞蹈、歌唱，会生出对老师的崇拜和亲切感。

下面是一位学生的运动会感言：

想必大家都知道运动会的滋味如何吧！但你们尝过在比赛中摔跤的滋味吗？不用想肯定是没有吧，我却有这样的经历。在县运动会举行的 800 米比赛中，我就尝过了这种滋味，开始时我一直谨记着老师讲过的那句"开头不要争第一"的训诫。于是，开始时，因为人太多，我被挤到了最后，后来又追上去。直到第二圈，我摔倒了，随即便咬牙站了起来，虽然腿很疼，虽然没有取得第一名，但是我依然觉得自己胜利了。因为在摔倒的那一刻，我想起了刚刚结束的教师 200 米决赛，我的班主任王老师在中途摔倒了，可是他又坚强地站了起来，跑向终点，回来后他告诉我们说："要像老师一样不怕失败，战胜困难。"

这是一个多么好的和学生交流、教育学生的机会啊！

2. 看到学生的闪光点

有很多学生在平时的学习生活中，表现不算突出。平时，老师虽不会有意疏于教导，但因为发掘不出这些孩子的闪光点，所以很难与这类学生建立良好的师生友谊。

但是，在运动会上、在联欢会上、在拔河比赛中、在"小歌手"选拔中……每一个孩子都可能将其不为人知的闪光点表现出来，这时候，教师就应该适时对这样的孩子进行鼓励和表扬。学生在这一过程中不仅获得了存在感，同时，也会对老师表现出前所未有的信赖。

下面是一个中学生的日记节选：

演讲比赛结束了，我的心还是久久不能平静，想想自己在台上出色的表现，想想同学们肯定而羡慕的眼光，我觉得非常骄傲和自豪。更重要的是，在演讲比赛结束后，数学老师对我说："小静，今天在台上的你真是光芒四射，你可以成为一名出色的演讲家。"因为得到了这样的赞美，我的心别提有多甜蜜了。以往，我的数学成绩稍差，从来得不到数学老师的关注，这一次，得到数学老师的肯定，我一定会更有信心面对以后的学习。数学老师，我真的很喜欢你。

从这位中学生的日记中可以看出，文体活动中老师关注到学生的闪光点，对学生是一种多么巨大的鼓舞！

3. 培养学生的良好品质

文体活动不同于平时的学习活动，在文体活动中，学生可以快速、直接地获得一些良好品质的规范。比如：集体主义的精神、不怕困难的精神、勇敢果断的精神等。

一般，在运动会之前，一些教师就会给学生灌输"集体荣誉高于一切"的理念。只有大家团结一致、携手共进，才会共同进步，优秀的班集体方能造就优秀的个人。在文艺比赛之前，老师也会鼓励同学们积极参与，不怕输！

下面是一位同学的运动会感想：

从挂满果实的树上，我们读出了成功。从汗水浸湿的运动服中，我们读出有付出，才有回报。回想赛场上，那一个个飒爽的英姿，那一个个矫健的步伐，那一张张不服输的笑脸，正是这种精神使我们取得了道德风尚奖。虽然我们的总体成绩不好，但是比赛重在参与。从挂满果实的树上，我们懂得了勤劳的重要性。从汗水浸湿的运动服中，我们懂得了努力固然重要，但要懂得方法。在比赛过程中我们学会了照顾自己，我们看到了集体的力量，同时我们也看到了自己的不足。只要我们积累经验，再多付出一些汗水，我们相信，总有一天，我们会到达理想的高峰。

如果这位同学的老师看到这样的感想，一定会会心一笑的！哪一位老师不想在文体活动中和学生擦出"火花"呢？把握机会，尽心尽力，那么一定可以更好地和中小学生交流。

第五节　愉快的郊游

组织学生开展郊游活动，对开阔学生视野、培养集体主义精神、陶冶高尚情操、培养爱国主义思想具有积极的作用。更重要的是，在郊游过程中，老师和学生可以更好地做双向了解，从而拉近师生关系。带队老师在郊游过程中所要做的工作和所面临的问题，与在校园里、课堂上所面对的情况相比，在重点和内容上有所不同。那么，老师如何才能组织好郊游呢？

1. 扮演好领导者角色

之所以提出带队老师要担当"领导者"的角色，是因为开展郊游活动的带队老师要考虑的问题，要组织的工作，要面对的情况，比课堂教学、校内团队活动等工作要全面、丰富甚至复杂得多，如晕车、晕船、意外受伤、掉队等情况都有可能在郊游活动中出现。这是对带队老师特别是年轻带队老师的一种考验，其中有一个环节处理得不好，就可能影响整个活动。因此，带队老师作为"领导者"是在思维方式和工作方法上对平时的班主任工作进行适当的拓展、改变和提升，从一个"领导者"的角度去组织、指挥好有关工作，把自己所带班级几十号人有条不紊地统领在自己的麾下。可以设想，假如没有一定的组织领导能力，带队老师要想在郊游活动中做好组织准备、安全预防、后勤保障、协调配合等工作，是不容易的。所以说，带队老师在郊游活动中实际上应扮演一个领导者的角色，充分发挥自身的组织领导能力，保证郊游活动的顺利进行。

2. 扮演好解说员角色

郊游活动中，学生的所见所闻比在课本上读到的要具体形象、生动真实得多。无论是田园风光、锦绣山川，还是人文景观等，都是对学生的阅历和视野的一种丰富和拓展。要使学生在郊游这一有限的时间和空间里，更好地增长知识、开阔视野、陶冶情操，带队老师就要担当起解说员的角色。带队老师在郊游活动中，不能像学生一样仅做一名参观者，而要兼做一名能帮助学生欣赏景物、解惑释疑、激发求知欲的解说员，自然而然地把教书育人、传授知识的崇高职责体现到郊游活动中去，尽自己的能力把蕴涵于景物中的知识点表述出来。这样既能使学生增长知识、增加见闻，又能增添活动的乐趣。带队老师最好在事前对与本次活动的有关内容的资料进行查阅，以便胸有成竹地当好解说员的角色。这一看似寻常的工作会深刻地影响学生。

下面是一个老师的自述：

我曾在一次雷州西湖郊游活动中，在苏东坡塑像前给学生讲述苏东坡的生平事迹及其在宋词上的文学成就。事隔多年后，当年的一位学生在给我的来信中说："……我至今还记得那次郊游，您为我们讲述东坡词的情景。今天我作为一名主攻宋词的研究生，宋词的魅力从那时起就深深地吸引了我。"

可见，带队老师扮演好解说员的角色是多么重要。

3. 扮演好观察家角色

学生参加郊游活动，走出了家庭和学校，展现在他们面前的是一个新鲜的、充满魅力和欢乐的世界。他们暂时离开了紧张的学习，在心理上比较轻松、自由，乃至无拘无束。这一相对宽松的环境，是学生们展现真实性格、流露内心情感的时候。带队老师要在活动中做"观察家"，细致地观察、了解学生们在活动中的言谈举止，全面地了解学生的性格特征，以便更有效地做好教书育人的工作。只要带队老师做观察工作的有心人，就一定会发现学生世界是多么丰富多彩，也一定会对自己的学生有一个更全面、真实的了解和认识，甚至一些在日常教学教育过程中很难得知的学生情况也会被你察觉。

在一次郊游中，一名平时寡言少语的学生自言自语地说了一句："谁捡到我的十字架请还给我，阿门！"这句话引起了带队老师的注意。活动结束后，经过谈话，才知道该同学加入了天主教。后来在家长的配合下，老师做了大量工作，终于使该生把主要精力集中到学习上来。

可见，在郊游活动中，带队老师细致地做好观察工作是有积极作用的。

4. 扮演好主持人角色

郊游活动一般来说内容比较丰富。除参观游览景点之外，在途中、住地举行各种文娱活动也为学生所喜闻乐见。因此，带队老师还要扮演又一角色——主持人。特别是对于低年级的学生，带队老师在组织他们开展这类活动时，做好主持人的工作更是至关重要。带队老师可结合郊游的内容，根据学生的具体情况，灵活地开展多种活动。带队老师要充分发挥临场主持能力，做好穿针引线、起承转合的工作，调控好活动气氛，使学生热情参与，使郊游成为一次生动活泼、意趣盎然、健康文明的教育活动。带队老师主持这类郊游"活动中的活动"，要在时间、精力等条件许可的情况下进行，并不强求一律举行。这些活动，有利于培养学生的集体主义精神，提高团队意识，丰富旅途生活，增进师生感情。

一次愉快的郊游活动，不仅仅是学生们的期待，也是老师的期待。只要老师扮演好自己的各种角色，就一定能带领同学们进行一次愉快的旅行！